Prêts à aider ?

AMÉLIORER LA RÉSILIENCE DES DISPOSITIFS D'INTÉGRATION POUR LES RÉFUGIÉS ET LES AUTRES IMMIGRÉS VULNÉRABLES

Cet ouvrage est publié sous la responsabilité du Secrétaire général de l'OCDE. Les opinions et les arguments exprimés ici ne reflètent pas nécessairement les vues officielles des pays membres de l'OCDE.

Ce document, ainsi que les données et cartes qu'il peut comprendre, sont sans préjudice du statut de tout territoire, de la souveraineté s'exerçant sur ce dernier, du tracé des frontières et limites internationales, et du nom de tout territoire, ville ou région.

Les données statistiques concernant Israël sont fournies par et sous la responsabilité des autorités israéliennes compétentes. L'utilisation de ces données par l'OCDE est sans préjudice du statut des hauteurs du Golan, de Jérusalem-Est et des colonies de peuplement israéliennes en Cisjordanie aux termes du droit international.

Merci de citer cet ouvrage comme suit :
OCDE (2019), *Prêts à aider ? : Améliorer la résilience des dispositifs d'intégration pour les réfugiés et les autres immigrés vulnérables*, Éditions OCDE, Paris, *https://doi.org/10.1787/38f94002-fr*.

ISBN 978-92-64-37496-6 (imprimé)
ISBN 978-92-64-47513-7 (pdf)

Avant-propos

L'intégration des réfugiés et des autres immigrés vulnérables dans les pays d'accueil est essentielle pour renforcer la cohésion sociale et promouvoir les avantages économiques de l'immigration. Les pays de l'OCDE ont été pris par surprise devant l'afflux récent d'immigrés admis pour des motifs humanitaires. Entre 2013 et 2017, en seulement quatre ans, le nombre de personnes réfugiées dans les pays de l'OCDE a été multiplié par trois, mais ce n'est pas tout : le nombre d'immigrés admis pour d'autres motifs, dont beaucoup sont confrontés à des situations de vulnérabilité et des difficultés d'intégration analogues à celles des réfugiés, a également progressé. La crise humanitaire a posé de nombreuses difficultés aux pays d'accueil, mais les systèmes d'admission ont, dans une large mesure, réussi à faire face à l'afflux massif et soudain de personnes cherchant protection. Ces afflux records d'immigrés laissent cependant dans leur sillage des besoins accrus d'intégration. L'intégration représente un défi tout aussi aigu que l'accueil initial. Un échec dans ce domaine aurait des coûts économiques et sociaux importants, pèserait sur l'action future des pouvoirs publics et affaiblirait la confiance dans les autorités.

L'OCDE travaille avec les pays membres depuis des décennies pour soutenir une gestion efficace des migrations et promouvoir l'insertion professionnelle et sociale des immigrés, en particulier des plus vulnérables. Pour aider les pays membres à améliorer leurs politiques d'intégration, le Secrétariat a lancé en 2017 un projet horizontal, « Assurer la bonne intégration des populations immigrées vulnérables », dont le présent rapport reprend les principaux résultats. Cet ouvrage a notamment pour objectif de décrire des interventions et des bonnes pratiques et d'aider les gouvernements à promouvoir l'intégration des réfugiés et des autres immigrés vulnérables. L'intégration ne se limite pas aux processus à l'œuvre dans les pays de l'OCDE qui ont accordé leur protection à ces immigrés, elle englobe également le soutien aux pays en développement de transit et d'accueil, ainsi que le retour et la réintégration des immigrés qui ne souhaitent pas rester ou qui décident de rentrer lorsque la situation s'améliore dans leur pays d'origine.

Puisant dans l'expertise accumulée et l'expérience récente, le rapport étudie deux questions principales : *Comment mieux se préparer et renforcer la coopération internationale face à des crises de réfugiés qui se prolongent ? Comment favoriser l'intégration et la réintégration des réfugiés et des autres immigrés vulnérables ?*

Pour répondre à ces questions, le rapport réunit les contributions de nombreuses directions de l'OCDE dans 22 chapitres thématiques portant chacun sur un aspect précis de l'intégration. Le rapport recense les points sur lesquels les pays membres peuvent s'améliorer pour s'organiser et réagir plus rapidement et plus efficacement aux afflux de migrants.

L'un des principaux enseignements présentés de ce rapport est que les pays ne peuvent agir seuls. La coopération et l'échange d'informations et de bonnes pratiques à l'échelle internationale sont essentiels. Au niveau national, les pouvoirs publics doivent travailler en collaboration avec un vaste éventail d'acteurs concernés par l'intégration des immigrés : société civile, secteur privé, partenaires sociaux et autorités infranationales. En l'absence d'une approche mobilisant l'ensemble de la société, il est difficile d'obtenir une intégration durable. Le grand public doit également être informé de la façon dont les autorités se proposent de gérer les difficultés liées à l'intégration. Il convient de mettre en place un plan d'action sur l'intégration, dans lequel seraient identifiés les partenaires et leurs rôles, et préserver la continuité du processus.

Remerciements

Le rapport *Prêts à aider ? Améliorer la résilience des dispositifs d'intégration pour les réfugiés et les autres immigrés vulnérables* fait partie intégrante du projet horizontal de l'OCDE intitulé « Assurer la bonne intégration des populations immigrées vulnérables ». Cet ouvrage a été rédigé sous la supervision globale du Secrétaire général, M. Angel Gurría, et de la Directrice de Cabinet du Secrétaire général et Sherpa de l'OCDE, Mme Gabriela Ramos.

La Direction de l'emploi, du travail et des affaires sociales (ELS) de l'OCDE a dirigé la rédaction et la coordination des chapitres du rapport, sous la supervision de Stefano Scarpetta (Directeur d'ELS), Mark Pearson (Directeur adjoint d'ELS) et Jean-Christophe Dumont (Chef de la Division des migrations internationales). Jonathan Chaloff et Gilles Spielvogel ont supervisé l'organisation des chapitres et géré le projet.

Ce rapport s'appuie sur les contributions de plusieurs directions : le Centre pour l'entrepreneuriat, les PME, les régions et les villes (CFE), le Centre de développement (DEV), la Direction de la coopération pour le développement (DCD), la Direction de l'éducation et des compétences (EDU), la Direction de l'emploi, du travail et des affaires sociales (ELS), le Département des affaires économiques (ECO), la Direction des relations extérieures et de la communication (PAC), la Direction de la gouvernance publique (GOV) et la Direction des statistiques et des données (SDD). Plusieurs comités de l'OCDE en ont également examiné et commenté une version préliminaire.

Ce rapport n'aurait pas vu le jour sans les contributions des auteurs suivants : Lisa Andersson, Caroline Berchet, Francesca Borgonovi, Yves Breem, Lucie Cerna, Jonathan Chaloff, Claire Charbit, Eva Degler, Maria-Vincenza Desiderio, Emily Farchy, Kathleen Forichon, David Halabisky, Charlotte Levionnois, Thomas Liebig, Antonella Noya, Marco Mira D'Ercole, Anna Piccinni, Rachel Scott, Katherine Scrivens, Rhea Ravenna Sohst, Gilles Spielvogel, Cécile Thoreau et Theodora Xenogiani.

Le travail statistique, logistique, de mise en forme et de publication a été effectué par Joanne Dundon, Véronique Gindrey, Liv Gudmunson, Philippe Hervé, Lucy Hulett, Kate Lancaster, Anna Tarutina et Camille Zalmanski, tandis que la révision a été assurée par Randy Holden.

Table des matières

Tableaux

Graphiques

Encadrés

Suivez les publications de l'OCDE sur :

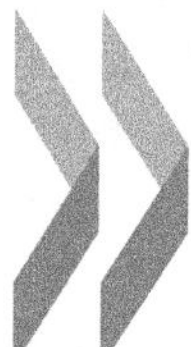

 http://twitter.com/OECD_Pubs

 http://www.facebook.com/OECDPublications

 http://www.linkedin.com/groups/OECD-Publications-4645871

 http://www.youtube.com/oecdilibrary

 http://www.oecd.org/oecddirect/

Acronymes et abréviations

ACAF	Association des communautés autofinancées (*Associació de Comunitats Autofinançades*), Espagne
AFAD	Agence de gestion des catastrophes et des situations d'urgence (*Afet ve Acil Durum Yönetimi Başkanlığı*), Turquie
APD	Aide publique au développement
BAMF	Bureau fédéral des migrations et des réfugiés (*Bundesamt für Migration und Flüchtlinge*), Allemagne
BCAH	Bureau de la coordination des affaires humanitaires des Nations Unies
BEA	Bureau européen d'appui en matière d'asile
CAD	Comité d'aide au développement, OCDE
CCR	Centre commun de recherche, Union européenne
CICM	Commission internationale catholique pour les migrations
CITE	Classification internationale type de l'éducation
DAES	Département des affaires économiques et sociales des Nations Unies
EFP	Enseignement et formation professionnels
EFT-UE	Enquête sur les forces de travail de l'Union européenne
EMN	Réseau européen des migrations
EU-SILC	Statistiques communautaires sur le revenu et les conditions de vie
EWCS	Enquête européenne sur les conditions de travail
FAMI	Fonds Asile, migration et intégration, Union européenne
HCR	Haut-Commissariat des Nations Unies pour les réfugiés
IP	Partie de l'abréviation TCP/IP, pour *Transmission Control Protocol/Internet Protocol*
OIM	Organisation internationale pour les migrations
OMS	Organisation mondiale de la santé
ORR	Service de réinstallation des réfugiés (*Office of Refugee Resettlement*), États-Unis
OSN	Office statistique national
PDI	Personnes déplacées à l'intérieur de leur pays
PIAAC	Programme pour l'évaluation internationale des compétences des adultes
PISA	Programme international pour le suivi des acquis des élèves, OCDE
RAPP	Programme de partenariat agricole pour les réfugiés (*Refugee Agricultural Partnership Program*), États-Unis
SNIS	Réseau suisse pour les études internationales
UNICEF	Fonds des Nations Unies pour l'enfance

Résumé

La plupart des six millions de réfugiés présents dans les pays de l'OCDE sont arrivés ces cinq dernières années dans le cadre de la vague d'immigration la plus forte récemment enregistrée. L'accroissement des flux d'immigrés en quête de protection a accentué les défis auxquels ces pays sont confrontés pour assurer l'intégration des réfugiés et des autres immigrés vulnérables. Ces flux récents nous offrent des leçons qui nous permettront de gérer d'autres situations de crise, ailleurs ou à l'avenir. Dans de nombreuses régions du monde, les pays en développement notamment, les crises humanitaires vont sans doute provoquer de forts mouvements migratoires. Les facteurs de risque susceptibles de déclencher d'autres crises humanitaires ont peu de chance de diminuer dans le futur. La communauté internationale doit faire face aux besoins d'intégration des populations les plus vulnérables, notamment des personnes victimes de déplacement forcé, mais aussi d'autres immigrés en situation de vulnérabilité.

L'afflux sans précédent d'immigrés, qui s'est atténué dans certains pays mais continue dans d'autres, a eu pour effet d'intensifier les besoins d'intégration au marché du travail, au système d'enseignement et à la société. L'intégration des réfugiés et des autres immigrés vulnérables est un objectif crucial. En améliorant l'employabilité de ces populations, les pays peuvent les aider à réaliser leur plein potentiel économique et à apporter une contribution positive à l'économie, ce qui favorise également leur accueil et leur insertion sociale dans la collectivité locale. L'incapacité à intégrer les réfugiés et les autres immigrés vulnérables accentue l'exclusion et les tensions sociales, et limite de surcroît considérablement les stratégies envisageables pour faire face aux arrivées futures.

Le présent rapport a pour ambition d'aider les pays de l'OCDE à mieux se préparer à assurer l'intégration des réfugiés et autres immigrés vulnérables, notamment dans le contexte d'arrivées soudaines et massives. Il s'appuie sur les recommandations du Pacte mondial sur les réfugiés et sur d'autres travaux antérieurs de l'OCDE, et prend en compte les expériences récentes des pays de l'OCDE pour définir des mesures susceptibles d'améliorer l'intégration et d'aider les pays d'origine et de transit.

Le premier enseignement dégagé de cette analyse est que, contrairement à l'idée couramment répandue, les systèmes en place dans les pays de l'OCDE se sont révélés amplement capables de gérer l'afflux soudain et inattendu de personnes en quête de protection. Dans la plupart des cas, ils ont assuré l'accueil en urgence des immigrés vulnérables et ont pourvu à leurs besoins immédiats. Les services d'éducation et d'emploi ont pour la plupart continué à fonctionner correctement. On ne saurait toutefois faire abstraction des cas où ils n'ont pu faire face à une demande sans précédent, ou ceux où la qualité des services s'est trouvée compromise ; de telles situations permettent de dégager des enseignements importants pour mieux se préparer aux difficultés que poseront les afflux soudains à venir.

La résilience des systèmes face à ce défi a été en grande partie due aux mesures ponctuelles qui ont été prises, et non à des plans préétablis d'intervention rapide. La souplesse dont les autorités ont fait preuve à cet égard doit être saluée, mais elle a coûté cher. Des réseaux de consultation et de collaboration avec les partenaires ont dû être créés, dans chaque pays et à l'étranger. Outre la hausse des coûts financiers, l'absence de plan a donné au public le sentiment que les flux migratoires étaient incontrôlés et que les systèmes s'effondraient. La crise politique qui s'en est suivie a pris une dimension plus importante que ne l'aurait justifié la situation humanitaire.

La deuxième leçon est que l'intégration des réfugiés et autres immigrés vulnérables est un engagement de longue durée, qui présente plus de difficultés que l'accueil initial. Des données d'observation des pays de l'OCDE montrent que si l'insertion au marché du travail des réfugiés et autres immigrés vulnérables ne progresse naturellement pas au même rythme que celle des autres immigrés, de nombreuses mesures ont utilement favorisé leur intégration à moyen et long termes.

Le troisième enseignement est qu'aucun pays ne peut faire face seul au défi complexe de l'intégration des réfugiés et des autres immigrés vulnérables. Les pays d'accueil peuvent se répartir la charge de travail en cas d'afflux de demandes de protection internationale, s'entraider afin d'être mieux organisés et informés, et mettre en commun les bonnes pratiques. L'intégration dans un pays d'accueil peut influer sur la façon dont les immigrés vulnérables sont perçus dans d'autres pays et sur l'avenir qui les y attend. Les défaillances d'un pays à cet égard peuvent compliquer la formulation des politiques dans d'autres.

La coordination internationale peut également renforcer la cohérence de l'aide que les acteurs de l'humanitaire, du développement et de la paix apportent aux pays en développement, où se trouvent 85 % des réfugiés mondiaux. Des partenariats renforcés, capables de cibler l'aide et l'assistance, peuvent contribuer à la réalisation d'objectifs communs d'intégration et de protection des réfugiés et autres immigrés vulnérables. La coopération au développement et d'autres types d'aide financière dédiée aux situations de déplacement forcé peuvent aussi atténuer les pressions auxquelles sont soumis les pays en développement d'accueil. Un autre moyen de soulager ces pays consiste à offrir des possibilités de réinstallation et des voies de migration légales complémentaires aux personnes nécessitant une protection.

Dans le même ordre d'idées, la quatrième leçon est qu'aucune administration centrale ne peut assurer l'intégration sans coopérer avec d'autres acteurs. Le Pacte mondial de l'ONU sur les réfugiés reconnaît le rôle des intervenants compétents, dont les autorités locales, la société civile et le secteur privé. De même, le Pacte mondial de l'ONU pour des migrations sûres, ordonnées et régulières appelle à ce que les politiques d'intégration nationales prévoient la participation des autorités locales, des organisations patronales, des syndicats et d'autres parties prenantes, comme les organisations du secteur tiers et les entreprises sociales. Les administrations infrarégionales, les autorités locales par exemple, ont un rôle à jouer et doivent être impliquées. Une approche qui répartit les responsabilités sur l'ensemble de la société s'impose, selon les mécanismes de gouvernance multi-niveaux appropriés.

Un cinquième enseignement est que la continuité de l'action publique est un élément déterminant de l'efficacité des interventions. De nombreux pays de l'OCDE ont augmenté les budgets alloués à l'intégration des réfugiés et des autres immigrés vulnérables. Ces ressources sont suffisantes dès lors qu'un plan efficace est en place. Celui-ci doit adopter une approche à l'échelle de la société, mobiliser la participation de multiples intervenants et niveaux de gouvernement, identifier différents groupes-cibles et partenaires, et établir de solides mécanismes d'évaluation et de rétroinformation. La continuité est fonction de plusieurs éléments. Premièrement, le plan doit bénéficier d'un appui régulier et durable. La capacité et le savoir institutionnels doivent être préservés même lorsque les interventions prennent fin. Deuxièmement, les immigrés vulnérables doivent être pris en charge dans le cadre de différentes interventions tout au long de leur parcours entre le pays d'origine et le pays d'accueil, et durant toutes les phases de la réinstallation et de l'intégration. Le retour dans le pays d'origine, quand il est motivé, et l'aide au retour volontaire et à la réintégration font partie intégrante de cette continuité.

Les pays de l'OCDE peuvent être mieux préparés à de futures arrivées massives de réfugiés et autres immigrés vulnérables. Cela suppose en partie d'améliorer les systèmes d'alerte avancée, mais aussi de mettre en place des réseaux de collaboration – nationaux et internationaux – susceptibles d'être rapidement activés. La communication avec le public s'insère dans cette stratégie. Des informations de meilleure qualité sur l'intégration des réfugiés et des autres immigrés vulnérables favorisent l'élaboration de politiques appropriées, aident les immigrés à choisir les activités les plus adaptées pour réussir leur propre intégration, et permettent à la population de nourrir des attentes réalistes. La gamme d'interventions spécifiquement destinées à favoriser l'intégration des réfugiés et autres immigrés vulnérables est large. Comme de nombreux pays de l'OCDE sortent d'une période de crise, il importe que les plans d'intervention rapide tiennent compte des retours d'expériences récentes pour l'avenir. Il convient de ne pas être pris au dépourvu et de s'équiper en conséquence.

Principaux résultats

Faits et chiffres

Les pays de l'OCDE ont accueilli un nombre record de demandeurs d'asile et de réfugiés ces dernières années. Entre la mi-2013 et la mi-2017, la population réfugiée y a triplé, passant de 2 millions à 5.9 millions de personnes. Les pays européens ont enregistré 4 millions de demandes d'asile entre janvier 2014 et décembre 2017, trois fois plus qu'au cours des quatre années précédentes.

En termes relatifs, l'incidence de cet afflux récent devrait être faible pour l'ensemble des pays européens. En décembre 2020, selon les projections, les réfugiés n'auront augmenté la population d'âge actif que d'un tiers d'un pourcent.

La situation des réfugiés sur le marché du travail est nettement moins bonne que celle des autres immigrés ou des personnes nées dans le pays. Par le passé, il leur a fallu pas moins de deux décennies pour rattraper ces dernières en termes d'emploi. Au cours des cinq années suivant leur arrivée en Europe, le taux d'emploi moyen des réfugiés est d'un sur quatre seulement.

Plus de la moitié des réfugiés ont un faible niveau d'éducation. Les contrôles de compétences montrent également qu'une forte proportion d'entre eux a un faible niveau de compétences. Outre les réfugiés, dans la plupart des pays, les autres immigrés sont plus susceptibles que les personnes nées sur place d'afficher de faibles niveaux de qualifications, ce qui les expose au risque d'exclusion. De surcroît, ceux qui ont suivi des études supérieures sont confrontés à des obstacles considérables pour faire valoriser leurs compétences sur le marché du travail du pays d'accueil.

Le coût de l'intégration des réfugiés varie sensiblement selon les pays de l'OCDE : selon les estimations, il est compris entre 0.1 % et 1 % du PIB, mais il doit être considéré comme un investissement dans leur réussite et dans leur contribution future à l'économie du pays d'accueil. Un indicateur de ces coûts est le coût des réfugiés dans le pays donneur comptabilisé par les pays de l'OCDE membres du CAD au titre de l'aide publique au développement (APD), qui a fortement progressé, passant 4.2 milliards en 2013 à 16 milliards en 2016.

Mesures visant à améliorer la coordination des interventions initiales et de longue durée

La plupart des pays de l'OCDE ont été pris de court par l'accroissement récent des demandes de protection de la part de personnes déplacées. Les systèmes d'alerte avancée en vigueur étaient insuffisants ou mal intégrés au processus d'élaboration des politiques et n'ont pas permis de déceler ces évolutions. Pour mieux se préparer aux crises à venir, les pays de l'OCDE doivent améliorer ces systèmes, mais aussi leur interaction avec les autorités compétentes, en particulier à l'échelle locale. Même en l'absence d'alertes explicites, l'élaboration de scénarios peut guider les choix stratégiques lorsque des crises surgissent.

À l'échelon international, des efforts remarquables de coordination ont été déployés pour faire face à la crise. La coordination en matière de gestion des flux migratoires et d'échange d'informations n'en demeure pas moins inégale entre les pays de destination, les pays de transit, et les pays de premier asile. La crise a aussi révélé que les insuffisances de l'intégration dans un pays pouvaient avoir des retombées dans d'autres pays. La coordination en matière d'intégration a acquis une importance nouvelle.

Les immigrés sont généralement concentrés dans les aires urbaines, et leur niveau d'intégration diffère selon leur lieu de résidence. Les événements récents ont montré à quel point la participation des autorités locales, infranationales et nationales importe. À l'échelon national, la gouvernance pluriniveaux est importante afin d'assurer que les différents acteurs entretiennent des contacts et soient en mesure de collaborer. La continuité et la viabilité des mesures d'intégration doivent moins aux financements qu'à la collaboration avec de nombreux acteurs et à l'assurance d'un soutien public.

Dans de nombreux pays, l'infrastructure statistique de suivi des mouvements migratoires et des résultats en matière d'intégration demeure insuffisante pour recueillir les informations essentielles sur les caractéristiques des immigrés et l'évolution de leur situation dans le temps. L'évaluation des politiques et l'élaboration de mesures correctrices nécessitent davantage d'informations que celles dont on dispose actuellement. Des dispositions s'imposent pour combler ces lacunes.

Emploi

Dans certains pays, un accès tardif au marché du travail a empêché les réfugiés d'entamer leur processus d'intégration. L'octroi accéléré du statut de réfugié et d'un accès au marché du travail, notamment aux demandeurs d'asile qui ont de grandes chances d'obtenir une protection, a permis d'accélérer leur intégration. Il convient de mettre en place des modalités d'accès au marché du travail légales, transparentes, simples et rapides pour les réfugiés statutaires. Cela comprend l'accès aux services courants d'aide à l'emploi, des procédures d'évaluation et de validation des compétences acquises à l'étranger, et des services de conseil personnalisés. L'évaluation des compétences doit établir des profils qui seront utiles aux immigrés et à leurs employeurs éventuels.

La non-maîtrise de la langue est un obstacle majeur ; c'est pourquoi le soutien linguistique – lié à la profession notamment – doit figurer parmi les premières mesures d'intégration. Les cours de langue doivent être adaptés au profil de leurs bénéficiaires et à leurs perspectives d'emploi.

Les employeurs ont un rôle essentiel à jouer pour faciliter l'intégration des réfugiés et des autres immigrés vulnérables, mais ont été en grande partie tenus à l'écart des politiques mises en place dans de nombreux pays. Les autorités peuvent les inciter à recruter des réfugiés en leur garantissant une sécurité juridique et en leur prêtant appui après l'embauche.

Les nouveaux venus étant peu au fait du marché du travail – réfugiés et autres immigrés vulnérables compris – ils sont exposés au risque d'exploitation. Les pays doivent leur assurer un traitement égal à celui des ressortissants nationaux et des autres immigrés en termes de conditions de travail, de salaires et d'accès aux voies de recours pour violation de droits.

L'entrepreneuriat offre aux immigrés un moyen de s'insérer sur le marché du travail, mais reste un challenge pour les réfugiés, compte tenu des barrières linguistiques, de l'absence d'antécédents, et de la difficulté à obtenir des financements. Des dispositifs d'accompagnement et de financement solidaire peuvent aider certains d'entre eux à s'engager sur cette voie.

Éducation

L'insertion scolaire des enfants réfugiés est plus difficile que celle d'autres enfants immigrés. Ils ont souvent besoin de plus de temps pour s'adapter au nouveau système d'enseignement, et présentent parfois des vulnérabilités supplémentaires, liées aux traumatismes subis dans leur pays d'origine et au cours de leur trajet, et à de longues périodes de non-scolarisation.

La formation professionnelle doit être adaptée aux réfugiés et aux autres immigrés vulnérables. Des dispositifs d'information et d'orientation sont indispensables pour les aider à choisir une filière adaptée ; des programmes de rattrapage, de formation linguistique notamment, sont parfois nécessaires pour les préparer aux programmes d'enseignement ordinaires. Il conviendrait également de prévoir des filières d'accès à l'enseignement supérieur.

Santé

Les systèmes de santé doivent gérer l'augmentation du nombre de patients réfugiés présentant des besoins de santé physique et mentale multiples et complexes, et s'y adapter. Outre les violences auxquelles ils ont été confrontés dans leur pays d'origine, bon nombre de ces réfugiés ont subi des traumatismes au cours de leur exode, voire à l'arrivée dans le pays d'accueil, ce qui complique leur état de santé.

Une meilleure coordination des prestataires de santé est nécessaire pour améliorer l'efficience des services. Il convient de perfectionner le triage médical pour que les personnes ayant des besoins spécifiques soient orientées vers les services qui dispensent les soins appropriés.

Logement

Dans un contexte de raréfaction des logements bon marché et de restriction de l'offre, dans les zones urbaines notamment, il a été difficile de trouver des centres d'accueil adéquats et des solutions de logement plus durables pour les réfugiés.

La dispersion, l'une des principales mesures appliquées pour gérer l'afflux de réfugiés, vise à limiter la ségrégation et l'encombrement des services dans les régions où la demande est concentrée. Cependant, elle risque également d'empêcher la constitution d'une masse critique d'usagers pour les services d'assistance, et d'éloigner les réfugiés des territoires riches en opportunités professionnelles. Une coordination avec les autorités locales s'impose pour renforcer leur adhésion – y compris dans les zones rurales et dans celles en décroissance démographique – et définir les profils les plus adaptés à l'intégration dans chaque contexte. Des placements malavisés et des partenaires locaux mal préparés, sous-financés ou non motivés peuvent générer un nombre excessif de mouvements secondaires et réduire à néant les effets positifs de la politique de dispersion.

Facteurs particuliers de vulnérabilité

Divers facteurs renforcent la vulnérabilité des réfugiés et des autres immigrés vulnérables et appellent des réponses spécifiques. Les mineurs non accompagnés en particulier, risquent en outre d'être confrontés à des problèmes de santé mentale, d'être exploités par des réseaux criminels et de connaître des difficultés d'insertion scolaire. Les mesures permettant de répondre à leurs besoins nécessitent des ressources considérables et une aide spécialisée. La rapidité de l'attribution d'un tuteur et l'inscription dans un établissement scolaire sont indispensables, de même que des conseils pour gérer le passage à l'âge adulte et la fin de l'aide spécialisée.

Un autre groupe cible pour lequel les résultats en matière d'emploi sont médiocres et tardent à s'améliorer, est celui des femmes réfugiées, davantage exposées au risque de traumatisme au cours de leur parcours. La maîtrise de la langue et l'instruction ont des effets positifs notables sur leur situation sur le marché du travail, et sur les perspectives éducatives et professionnelles de leurs enfants, en particulier des filles. L'inscription des femmes avec enfants à des cours de langue ordinaires, a toutefois été difficile pour de multiples raisons, notamment l'incompatibilité avec leurs obligations maternelles. Une organisation plus souple permettrait d'accroître leur participation à ces formations.

La situation des immigrés ayant un faible niveau de qualification et d'éducation est peu reluisante, et celle des réfugiés dans le même cas est encore pire. La formation en milieu professionnel permet de répondre à de très faibles compétences linguistiques, d'autant que les immigrés ayant un faible niveau d'éducation affichent des taux d'emploi au moins aussi élevés que ceux des personnes de même niveau nées dans le pays.

Les réfugiés réinstallés sont sélectionnés parmi les plus vulnérables dans les pays de premier asile. La réinstallation offre toutefois la possibilité de les préparer et de les former avant leur arrivée, et d'assurer une gestion des dossiers et une assistance intensives après leur installation. Ce point est important car les réfugiés réinstallés présentent souvent de graves problèmes de santé, un faible niveau d'instruction et d'autres facteurs de vulnérabilité, et comprennent plus de familles et de femmes que les autres réfugiés.

Le parrainage privé offre aux réfugiés un moyen de bénéficier de services d'intégration personnalisés, allant au-delà de ceux que les pouvoirs publics peuvent leur offrir individuellement.

Solutions dans les pays de premier asile et dans les pays d'origine

L'intégration des personnes déplacées de force à des communautés d'accueil dans des pays en développement se heurte à d'innombrables difficultés qu'une intervention plus concertée des acteurs de l'aide humanitaire, du développement et de la paix permettrait en partie de surmonter. Plusieurs conditions sont nécessaires à cela : une analyse collective de contenu, tenant compte des risques, pour définir un objectif commun ; la mobilisation des instruments de l'aide selon leur avantage comparatif pour atteindre l'objectif établi ; et un leadership politique pour surmonter les barrières institutionnelles et réexaminer les partenariats sous un angle stratégique. Les programmes régionaux peuvent aussi renforcer la cohérence.

La réinstallation contribue de manière importante à atténuer les pressions sur les pays en développement d'accueil. Pour les réfugiés moins vulnérables – généralement exclus des circuits de réinstallation –, des passerelles complémentaires vers les études ou le travail peuvent offrir une perspective plus attrayante que de rester dans le pays en développement d'accueil.

Le retour dans le pays d'origine, toujours délicat, prend de l'ampleur. L'augmentation récente du nombre de personnes en quête de protection a engendré une hausse du nombre de demandes d'asile rejetées, impliquant le renvoi dans le pays d'origine. Le retour durable et la réintégration de ces personnes est facilité par le travail réalisé à l'échelon des communautés dans les pays d'origine. Le retour volontaire de immigrés, désireux de retourner dans leur pays d'origine lorsque la situation s'améliore, suppose aussi une coopération avec le pays d'origine. Les mesures à cet égard doivent faire participer les immigrés au processus, planifier les retours au niveau des communautés et fournir une assistance après le retour. Des dispositions permettant d'assurer le transfert de compétences et la possibilité d'utiliser les qualifications acquises peuvent apporter des avantages au pays d'origine comme à la personne concernée.

Améliorer l'état de préparation

Les pays doivent élaborer en amont un plan d'intervention en cas de crise, rechercher des partenaires, établir des circuits de communication et définir les responsabilités face à l'afflux de personnes en quête de protection.

Les systèmes d'alerte rapide peuvent aider les pouvoirs publics à se préparer à des pics imminents et probables de demandes de protection ou à d'autres flux importants d'immigrés vulnérables. Ces systèmes étaient en place dans de nombreux pays, mais insuffisamment articulés avec les mécanismes d'intervention. De nouvelles sources de données offrent des possibilités inédites de surveiller les risques, et leur utilisation doit être envisagée. Ces dispositifs appellent une collaboration étroite et sont longs à mettre au point.

Après des chocs et des crises d'envergure, les autorités doivent procéder à un bilan afin d'améliorer les données et les circuits de communication, et veiller à ce que les informations soient transmises et suivies d'effets.

Comme aucun pays ne peut faire face à ces problèmes individuellement, la coopération internationale doit commencer par l'élaboration d'un plan d'intervention, et se poursuivre dans le cadre de son exécution. Des mécanismes doivent être en place aux fins de concertation, de répartition des responsabilités et des fonctions, et de mise en commun des pratiques efficaces. Le Pacte mondial pour des migrations sûres, ordonnées et régulières offre un cadre pour le renforcement de la coopération.

S'agissant de l'état de préparation des pays en développement d'accueil, les donneurs et les partenaires doivent unir leurs efforts en vue de prévenir les crises.

Ces dernières années, les autorités ont éprouvé des difficultés à communiquer les informations de base concernant les réfugiés et la réponse des pouvoirs publics. Le plan d'intervention doit prévoir un cadre de référence pour travailler avec les médias et fournir au public des informations précises quant à la stratégie et aux mesures prévues et appliquées, ainsi qu'aux résultats obtenus. Cette démarche peut réduire le risque que les chocs, même lorsqu'ils sont bien gérés, provoquent des crises politiques.

Introduction : pourquoi devons-nous nous intéresser à l'intégration des réfugiés et des autres immigrés vulnérables ?

La population mondiale de réfugiés atteint aujourd'hui le niveau le plus élevé jamais observé – selon les derniers chiffres, ils sont aujourd'hui quelque six millions dans les pays de l'OCDE. La plupart y sont arrivés au cours des cinq dernières années, dans le cadre de la vague d'immigration record récemment enregistrée, en particulier en 2014-16.

Bien que les flux totaux aient diminué ces deux dernières années, il convient de dégager des enseignements de ces arrivées récentes pour faire face à d'autres situations de crise, ailleurs ou dans le futur. Il existe en effet de nombreuses régions dans le monde où des crises humanitaires provoquent d'importants flux de migration, dans les pays en développement et émergents notamment. Si les pays de l'OCDE peuvent tirer des leçons de ces situations, le bilan des politiques d'intégration mises en œuvre par les pays membres constitue également un savoir collectif qui peut s'avérer utile dans d'autres pays. À vrai dire, les facteurs de risque susceptibles de déclencher d'autres crises humanitaires ne devraient pas diminuer à l'avenir, y compris dans des régions proches de nombreux pays de l'OCDE. Un moyen de mieux se préparer à affronter ces risques futurs consiste à procéder à une évaluation approfondie des interventions nationales et multilatérales menées ces cinq dernières années pour faire face à l'afflux de réfugiés.

L'intégration des réfugiés et des autres immigrés vulnérables (voir l'encadré ci-dessous pour une définition de ce groupe) est un objectif d'importance prioritaire, pour deux raisons. La première est qu'en améliorant l'employabilité de ces personnes, les pays d'accueil peuvent les aider à réaliser leur plein potentiel économique et tirer ainsi parti des retombées économiques positives. La seconde est que l'accroissement de l'employabilité permet aux réfugiés et aux autres immigrés vulnérables d'être mieux acceptés par la population locale et favorise leur insertion sociale. Un échec de leur intégration entraîne des coûts – en termes d'exclusion sociale, de tensions et de creusement des inégalités dans la société. Il risquerait en outre de limiter considérablement les solutions envisageables pour faire face à de futures vagues de migration.

Le présent rapport s'inscrit dans le prolongement d'un effort collectif de l'OCDE qui a mobilisé les ressources et l'expertise de l'ensemble de l'Organisation, ainsi que la participation de divers comités et groupes de travail. Il réunit des éléments portant sur de nombreux aspects du processus d'intégration des réfugiés et autres immigrés vulnérables dans les pays d'origine, de transit et de destination, tant sur le plan des résultats économiques et sociaux que des politiques en vigueur pour faire face aux défis que pose un nombre d'arrivées supérieur à la norme.

Le rapport s'intéresse en particulier aux moyens de renforcer la résilience des systèmes, à savoir : les capacités de réaction immédiates en cas de chocs extérieurs et imprévus ; l'aptitude à absorber le choc d'une situation d'urgence à court terme ; les capacités d'adaptation pour se relever des conséquences de ces chocs et limiter les pertes ; et les capacités de transformation à long terme pour anticiper des crises similaires et atténuer leurs conséquences.

La première partie du rapport donne une vue d'ensemble des récents flux d'immigrés en quête de protection, en analyse les retombées économiques escomptées, et présente les grandes étapes de la réponse multilatérale. La deuxième partie examine les nombreux aspects de l'intégration des réfugiés et des autres immigrés vulnérables, du point de vue de leurs résultats économiques et sociaux et des facteurs spécifiques de vulnérabilité. Elle contient également une évaluation détaillée des politiques mises en place pour assurer la subsistance et l'intégration de ces personnes dans les pays de destination et de transit, ainsi que dans les pays d'origine à leur retour. La troisième partie aborde les questions de l'anticipation, du suivi et de la réaction, examine le rôle des mécanismes d'alerte avancée et la tâche délicate qui consiste à améliorer les informations afin de mieux assurer le suivi des résultats et de formuler des politiques.

Le rapport s'efforce d'apporter des réponses aux problèmes que pose l'arrivée imprévue d'un nombre relativement élevé de réfugiés et autres immigrés vulnérables, en tenant compte des difficultés que présentent l'accueil et l'intégration de personnes qui n'ont pas choisi de quitter leur pays. Bien qu'il ne soit en aucun cas facile de trouver des solutions à ces problèmes, l'expérience acquise par les pays de l'OCDE dans ce domaine constitue une base de connaissances qui permettra d'éviter les erreurs du passé et de mener des interventions plus efficientes lorsque des situations analogues surgiront.

Qui sont les réfugiés et les autres immigrés vulnérables ?

Le terme « réfugiés » est ici employé pour désigner tous les bénéficiaires d'une protection internationale – ceux qui ont obtenu le statut officiel de réfugié et ceux qui ont bénéficié d'autres formes de protection, notamment la protection subsidiaire. Le terme « immigrés vulnérables » se réfère aux personnes qui présentent des caractéristiques et sont confrontées à des problèmes d'intégration similaires à ceux des réfugiés, mais qui ont été admises pour d'autres motifs et disposent d'un droit de séjour légal. Les données d'enquête citées se rapportent généralement à des personnes qui déclarent avoir émigré à des fins de protection internationale. Le rapport distingue les demandeurs d'asile, qui sont candidats à la protection internationale, des réfugiés.

Chapitre 1. Tendances récentes des flux de réfugiés et d'autres immigrés vulnérables

Les pays de l'OCDE ont enregistré ces dernières années des afflux massifs de réfugiés et des autres immigrés vulnérables. Ce chapitre passe en revue des données probantes sur l'ampleur de ce phénomène et sur ses conséquences économiques probables, et étudie l'action multilatérale qui en a résulté.

Que savons-nous des tendances récentes concernant les réfugiés et les autres immigrés vulnérables ?

La population mondiale de réfugiés a sensiblement augmenté ces dernières années, passant de 11.1 millions à la mi-2013 à 19.9 millions à la mi-2018. Au cours de cette période, la population réfugiée dans les pays de l'OCDE a quasiment triplé, passant de 2 à 5.9 millions, et a plus que doublé dans l'Union européenne (de 920 000 à 2.1 millions de personnes). Cette hausse est due en partie aux déplacements massifs occasionnés par la guerre en Syrie, mais les conflits et les crises humanitaires dans d'autres pays y ont également contribué (en Afghanistan, en Irak, au Soudan, dans la Corne de l'Afrique et en Amérique centrale par exemple). Malgré l'augmentation rapide du nombre de réfugiés accueillis dans les pays de l'OCDE, celui-ci ne représente qu'un pourcentage relativement modéré des 28.5 millions de personnes contraintes de quitter leur pays d'origine dans le monde.

Les nouvelles demandes d'asile ont atteint un nombre record dans la zone OCDE et dans l'Union européenne en 2015 et 2016 (Graphique 1.1). Les pays européens en ont reçu 4 millions entre janvier 2014 et décembre 2017, trois fois plus qu'au cours des quatre années précédentes. Un quart environ (960 000) ont été déposées par des ressortissants syriens. Au cours de la même période (2014-17), environ 1.6 million de personnes ont reçu un statut de protection dans les pays européens, dont 780 000 Syriens (OCDE, 2018[1]).

Graphique 1.1. Nouvelles demandes d'asile déposées depuis 1980 dans la zone OCDE et l'Union européenne

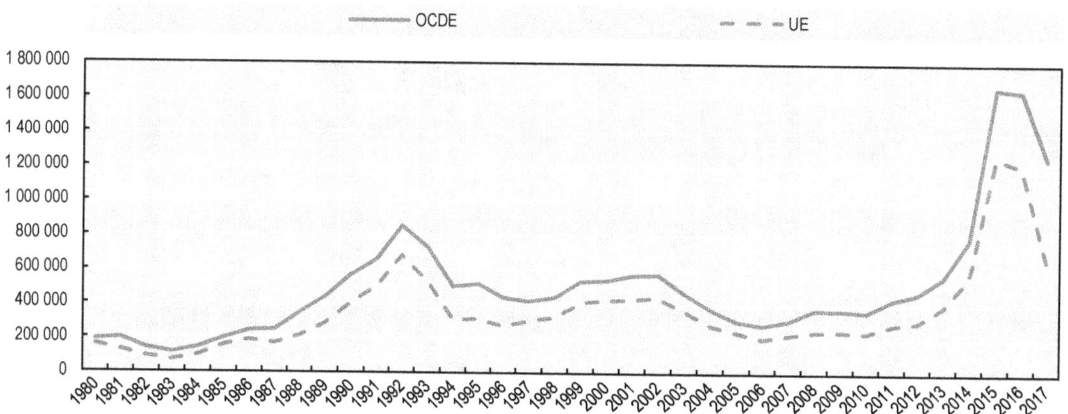

Note : Données préliminaires pour 2017.
Source : HCR, Eurostat.

Bien que le nombre d'immigrés en quête de protection arrivés dans les pays européens au cours des trois dernières années soit élevé par rapport au passé, il est demeuré nettement inférieur, en termes absolus et relatifs, aux chiffres enregistrés dans les pays limitrophes de la Syrie. En novembre 2018, quelque 3.6 millions de Syriens bénéficiaient d'une protection temporaire en Turquie, 1 million au Liban, et 670 000 environ en Jordanie. La Turquie est depuis sept ans le premier pays de destination des réfugiés dans la zone OCDE, et le premier pays d'accueil de réfugiés au monde.

D'autres pays de l'OCDE ont vu le nombre d'immigrés humanitaires augmenter. Au Canada, par exemple, les entrées permanentes pour raisons humanitaires sont passées de

25 000 par an en moyenne au cours de la période 2011-14, à 32 000 en 2015, et à près de 60 000 en 2016. En 2017, elles ont diminué de 30 % suite à la baisse du nombre de réfugiés réinstallés au Canada.

À l'instar d'autres pays latino-américains, le Mexique, le Chili et la Colombie ont également vu récemment augmenter le nombre de demandes d'asile déposées par des Vénézuéliens, suite à la dégradation de la situation économique et politique dans ce pays (Encadré 1.1). L'Espagne et les États-Unis ont également fait face à une progression du nombre de demandes d'asile déposées par des ressortissants vénézuéliens.

Dans les pays européens, la baisse des demandes d'asile amorcée au deuxième semestre de 2016 s'est poursuivie en 2017 et 2018, le nombre de demandes mensuelles se situant entre 50 000 et 60 000 au lieu de 130 000 entre juillet 2015 et septembre 2016. Malgré ce repli, étant donné les délais nécessaires au traitement des dossiers, le nombre de demandes en instance demeure très élevé : il était de 880 000 en août 2018, dont près de 100 000 émanant de ressortissants syriens.

La forte progression des arrivées de demandeurs d'asile en 2015 et 2016 par rapport aux années antérieures n'a guère influé sur la répartition selon l'âge et le sexe des candidats à l'asile ou des réfugiés admis dans les pays européens. Au cours de la période 2011-17, 71 % environ des demandeurs d'asile étaient âgés de 18 à 64 ans, et les enfants (0-17 ans) en représentaient 29 %. Par ailleurs, trois quarts des demandeurs d'asile d'âge actif étaient des hommes. Ces caractéristiques ne diffèrent pas significativement de celles des réfugiés statutaires. En revanche, le pourcentage d'enfants parmi les réfugiés syriens en Turquie est sensiblement supérieur (40 %), tandis que celui des hommes parmi les réfugiés d'âge actif est inférieur (56 %).

Encadré 1.1. Émigration récente en provenance du Venezuela et demandes de protection internationale

Ces dernières années, la situation socioéconomique et politique complexe de la République bolivarienne du Venezuela a amené de nombreux Vénézuéliens à quitter leur pays pour des pays limitrophes et plus lointains. Plus de 3 millions d'entre eux vivent désormais à l'étranger, dont la plupart sont partis ces trois dernières années. Leurs destinations privilégiées sont le Brésil, la Colombie, le Costa Rica, l'Espagne, les États-Unis, le Mexique et le Pérou. Selon les chiffres communiqués par les autorités d'accueil, quelque 360 000 Vénézuéliens ont déposé des demandes d'asile depuis le début de 2015, dont plus de 200 000 en 2018. Plus de 40 % de ces demandes ont été déposées au Pérou, 20 % aux États-Unis, 18 % au Brésil et 8 % en Espagne. En outre, en octobre 2018, près de 1 million de Vénézuéliens avaient obtenu d'autres titres de séjour régulier en vertu de cadre nationaux ou régionaux, notamment en Colombie (415 000), au Chili (130 000), au Pérou (110 000), en Équateur (97 000) et en Argentine (93 000). La majorité d'entre eux est toutefois en situation irrégulière. En l'absence de statut juridique, ils sont plus exposés aux risques de violence, d'exploitation, d'agression sexuelle, de traite et de discrimination. Si les États ont fait preuve de générosité à l'égard des Vénézuéliens, les communautés d'accueil ont été confrontées à des difficultés croissantes pour prêter assistance et offrir des services aux arrivants.

Source : OCDE/BIT/OIM/HCR (2018[2]) "G20 International Migration and Displacement Trends Report 2018", http://www.oecd.org/els/mig/G20-international-migration-and-displacement-trends-report-2018.pdf.

Il existe d'autres catégories d'immigrés en situation vulnérable que les personnes en quête de protection internationale. Le nombre d'enfants immigrés non accompagnés, par exemple, a fortement augmenté ces dernières années aux États-Unis et dans de nombreux pays européens membres de l'OCDE. Entre 2014 et 2016, ces derniers ont reçu plus de 180 000 demandes d'asile de mineurs non accompagnés, et les États-Unis ont signalé en avoir arrêté près de 170 000 aux frontières. Si certains sont aussi demandeurs de protection internationale, tous sont en situation de vulnérabilité et doivent faire l'objet d'une prise en charge et d'une attention particulières de la part des pays d'accueil.

Une autre catégorie d'immigrés en situation de vulnérabilité est constituée des personnes au très faible niveau d'instruction. Elle comprend de nombreux demandeurs de protection internationale, mais aussi des immigrés qui bénéficient d'un statut régulier et sont arrivés par d'autres filières. Au moins 4.4 millions des immigrés arrivés dans les pays de l'OCDE ces cinq dernières années ont un niveau d'instruction inférieur au secondaire, et certains n'ont jamais, ou peu, fréquenté l'école.

Quelles sont les retombées économiques attendues de l'afflux récent de réfugiés et des autres immigrés vulnérables ?

L'afflux récent de réfugiés pourrait avoir des conséquences économiques appréciables – tant en raison du coût budgétaire que représente l'accueil d'un nombre supérieur à la norme de demandeurs d'asile et de réfugiés, qu'en termes d'ajustement du marché du travail du fait qu'une forte proportion des nouveaux arrivés est d'âge actif. Entrent également en ligne de compte les coûts de traitement des nombreuses demandes d'asile et, surtout, les frais de prise en charge des demandeurs pendant l'examen de leur dossier.

Souvent, avant d'obtenir un emploi rémunéré, un pourcentage substantiel des réfugiés demeure tributaire des prestations sociales du pays d'accueil. Pour bon nombre d'entre eux, l'accès au marché du travail et une véritable insertion sociale sont conditionnés par une formation linguistique appropriée et, le cas échéant, à une formation professionnelle ; toutes deux sont souvent en grande partie financées par des fonds publics. Ces dépenses peuvent mettre les budgets locaux et nationaux à rude épreuve à court terme, mais elles peuvent aussi avoir des retombées positives sur l'économie en stimulant la demande globale. Une analyse de l'OCDE (OCDE, 2017[3]) portant sur les pays qui ont récemment reçu un nombre élevé de demandes d'asile par rapport à la population, a montré que les coûts budgétaires ont atteint un plafond dans la plupart d'entre eux en 2016, et se situent dans une fourchette comprise entre 0.1 % et 1 % du PIB.

Dans certains cas, la main d'œuvre supplémentaire que représentent les réfugiés a été considérée comme un moyen d'atténuer les pénuries sur le marché du travail, dans un contexte de vieillissement de la population active européenne. Or, l'afflux récent de réfugiés est intervenu alors que de nombreux pays européens se remettaient de la crise financière mondiale profonde et demeuraient confrontés à des taux de chômage élevés. Dans ces circonstances, ces flux n'ont pas toujours été bien perçus par l'opinion publique, qui craignait des effets préjudiciables sur les salaires ou l'emploi, notamment pour les travailleurs peu qualifiés nés dans le pays.

D'après les données historiques, les arrivées massives d'immigrés en quête de protection dans les pays de l'OCDE n'ont généralement guère influé, au niveau national, sur le devenir professionnel des personnes nées dans le pays de destination. Certaines études ont même noté que la complémentarité des compétences des réfugiés et des personnes nées dans le pays pouvait avoir des conséquences positives pour les seconds. D'autres travaux ont relevé des effets négatifs plus sensibles à l'échelon local ou pour des sous-catégories spécifiques de la population – lorsque réfugiés et personnes nées dans le pays sont en concurrence pour les mêmes emplois par exemple. C'est le cas en Turquie, pays qui accueille le plus grand nombre de réfugiés dans le monde. Étant donné la difficulté à obtenir un permis de travail, la plupart des réfugiés syriens ont trouvé un emploi dans le secteur non structuré, ce qui s'est traduit par des pertes d'emploi considérables dans ce secteur pour les personnes nées en Turquie.

À l'échelle de l'Europe, l'afflux récent de réfugiés devrait avoir une faible incidence sur la population en âge de travailler et ne devrait pas dépasser un tiers d'un pour cent en décembre 2020 (OCDE, 2018[1]). En termes de main-d'œuvre, comme les taux de participation des réfugiés sont généralement très bas dans les premiers temps de leur séjour dans le pays d'accueil, l'incidence nette globale sur la population active devrait être encore plus faible puisqu'elle est estimée à un quart d'un pour cent en décembre 2020. Dans la moitié environ des pays européens, les entrées récentes de réfugiés n'auront pratiquement aucun effet sur la population active , et dans la plupart des autres pays européens, cet effet sera modéré d'ici à la fin de l'année 2020. Il devrait néanmoins être sensiblement plus marqué en Autriche, en Grèce et en Suède, avec une hausse d'au moins 0.5 % de la population active, et jusqu'à 0.8 % en Allemagne (Graphique 1.2). Dans les pays où les effets globaux seront les plus prononcés, il devrait également être nettement plus marqué sur certains segments du marché du travail : il pourrait atteindre 15 % environ chez les jeunes hommes ayant un faible niveau d'éducation en Autriche et en Allemagne.

Le nombre de Syriens actuellement accueillis par la seule Turquie est plus de deux fois supérieur au nombre de ressortissants de ce pays ayant reçu un statut de protection dans l'ensemble des pays de l'UE depuis janvier 2014. En novembre 2018, quelque 3.6 millions de Syriens bénéficiaient d'une protection temporaire en Turquie. Parmi eux, environ 240 000 vivent dans des camps de réfugiés administrés par les autorités turques ; la plupart de ces camps sont situés à proximité de la frontière syrienne. Ceux qui ne vivent pas dans les camps représentent désormais près de 10 % de la population de plusieurs villes frontalières. Les principales aires métropolitaines, notamment Istanbul et Ankara, ainsi que le littoral égéen, attirent de nombreux réfugiés en quête d'emploi (OCDE, 2018[1]).

Graphique 1.2. Variation relative de la population active suite à l'accroissement des flux de demandeurs d'asile entre 2014 et 2017 en Europe

Variation cumulée estimée en décembre 2017 et décembre 2020

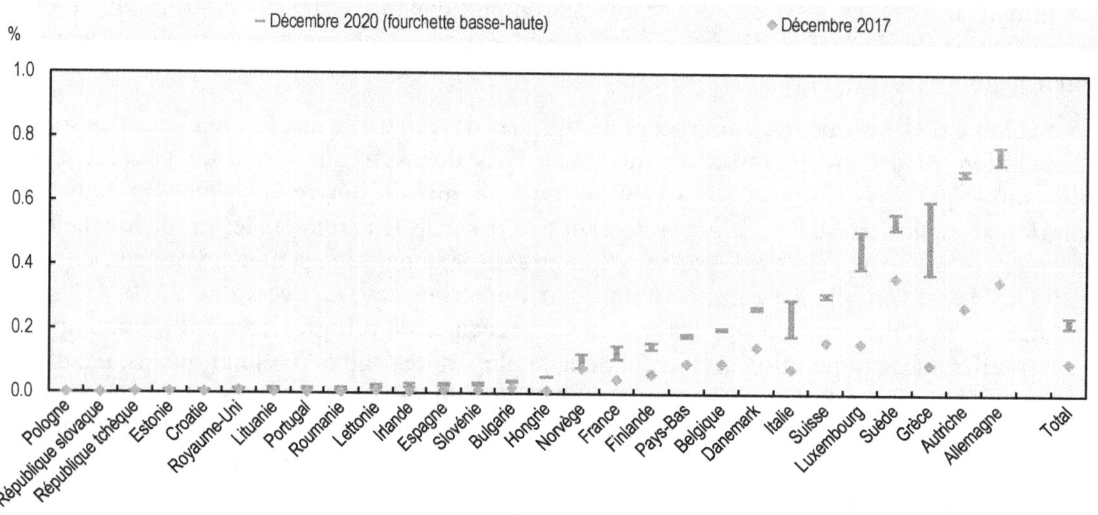

Notes : Pays de l'UE28, Norvège et Suisse. La variation relative de la population active correspond à la différence entre la population active réfugiée estimée en tenant compte de la hausse des flux depuis janvier 2014 et la population active réfugiée contrefactuelle (estimée en supposant que le nombre de demandes d'asile déposées en 2014-20 reste égal à la moyenne de 2011-13), divisée par la population active totale en décembre 2013. Jusqu'en décembre 2017, les données utilisées sont les demandes et les décisions d'asile observées ; pour la période 2018-20, on suppose que le nombre de demandes d'asile est égal soit à la moyenne de la période 2011-13, soit à celle de 2017, ce qui produit une fourchette basse-haute pour décembre 2020.
Source : Eurostat : statistiques sur l'asile, statistiques sur les forces de travail ; estimations de l'OCDE.

L'accès au marché du travail est un problème fondamental pour les réfugiés syriens, et beaucoup occupent un emploi informel. Avant janvier 2016, les réfugiés ne pouvaient demander une autorisation de travail que s'ils étaient titulaires d'un permis de séjour, ce qui n'était le cas que d'une faible minorité. En vertu de la réglementation actuelle, les réfugiés syriens peuvent déposer une demande d'autorisation de travail six mois après avoir été enregistrés au titre de la protection temporaire. Ces autorisations ne sont toutefois valables que dans la localité d'enregistrement, ce qui limite leur intérêt puisque la plupart des réfugiés sont enregistrés dans des zones frontalières qui offrent peu de débouchés. Pour obtenir un emploi formel dans une autre localité, il leur faut donc s'enregistrer et obtenir un permis de travail sur place. Compte tenu de ces contraintes, moins de 14 000 permis de travail avaient été délivrés à des Syriens à la fin de 2016. Malgré une hausse du nombre de permis délivrés en 2017 (21 000 environ), et bien que les Syriens exerçant un emploi saisonnier agricole en soient toujours exemptés, ces chiffres demeurent très inférieurs au nombre de réfugiés syriens qui ont besoin de travailler (voir l'Encadré 1.2).

Encadré 1.2. L'incidence des réfugiés syriens sur le marché du travail en Turquie, de 2011 à aujourd'hui

En novembre 2018, 1.9 million de réfugiés syriens en âge de travailler vivaient en Turquie ; ils représentaient 3 % environ de la population active totale du pays, et des pourcentages nettement plus élevés dans les villes frontalières, ainsi qu'à Istanbul et Ankara. Étant donné la difficulté à obtenir des autorisations de travail, on estime que la plupart d'entre eux occupent un emploi dans le secteur informel, très développé en Turquie (20 % de l'emploi total).

Plusieurs études récentes se sont efforcées d'évaluer l'incidence des réfugiés syriens sur l'économie turque, et plus particulièrement sur le marché du travail. Ceritoglu et al. (2017[4]) constatent que l'immigration a eu des effets préjudiciables sur l'emploi des personnes nées dans le pays dans la région frontalière du Sud-Est, alors que son impact sur les salaires a été négligeable. Ils rapportent des pertes d'emploi appréciables chez les travailleurs informels suite à l'afflux de réfugiés, mais une légère hausse de l'emploi formel, potentiellement due à l'augmentation de la demande de services sociaux. Ils observent également que les catégories défavorisées (femmes, travailleurs jeunes et travailleurs ayant un faible niveau d'éducation) ont été plus touchées, et que l'importance de l'emploi informel sur le marché du travail turc a amplifié l'effet négatif de l'afflux des réfugiés syriens sur la situation d'emploi des personnes nées dans le pays. Del Carpio et Wagner (2016[5]) aboutissent à des conclusions similaires : les réfugiés syriens sont à l'origine de nombreuses pertes d'emploi pour les personnes nées dans le pays dans le secteur informel. Un accroissement de l'emploi formel des Turcs est également observable – mais seulement pour les hommes qui n'ont pas mené à terme leur scolarité secondaire. Les personnes peu instruites et les femmes subissent des pertes nettes d'emploi et, comme les travailleurs du secteur informel, voient leurs perspectives d'emploi diminuer.

Quelle a été la réaction multilatérale à l'envolée récente du nombre de réfugiés et autres immigrés vulnérables ?

L'envolée récente du nombre de réfugiés a donné lieu à une riposte multilatérale sans précédent, la question de l'intégration s'inscrivant à l'ordre du jour international, comme jamais auparavant.

Un Sommet mondial sur l'action humanitaire[1] s'est tenu à Istanbul en mai 2016, organisé par le BCAH des Nations Unies sur la base du Programme d'action pour l'humanité publié par le Secrétaire général des Nations Unies. Entre autres objectifs, le Sommet visait à adopter un ensemble de mesures et d'engagements concrets afin de permettre aux pays, aux autorités locales et aux collectivités de mieux se préparer aux crises et à mieux y faire face, et de résister aux chocs. L'intégration des réfugiés et autres immigrés vulnérables est un domaine dans lequel plusieurs États et acteurs non étatiques ont pris des engagements. L'OCDE s'est, pour sa part, engagée à appuyer les pays Membres dans leurs efforts visant à renforcer les programmes d'intégration des réfugiés ; à rendre la coopération pour le développement plus efficiente, effective, innovante et plus soucieuse de développer la résilience dans les situations de déplacement forcé ; et à améliorer la cohérence, la comparabilité et la transparence des informations relatives aux coûts associés à l'accueil des réfugiés dans les pays donateurs de manière à renforcer la redevabilité et à contribuer à la qualité et l'efficacité de l'aide.

Au niveau de l'Union européenne, une action multilatérale et concertée des États membres a revêtu différentes formes. Des mesures ont été prises pour aider les pays exposés à l'arrivée soudaine et massive d'immigrés. L'UE a également coordonné les actions des États membres en matière d'intégration. En juin 2016, par exemple, elle a adopté un Plan d'action pour l'intégration des ressortissants de pays tiers qui offre un cadre complet pour aider les États membres à développer et à renforcer leurs politiques d'intégration nationales, parallèlement aux dispositions prises par la Commission européenne. Le Plan d'action concerne tous les ressortissants de pays tiers présents dans l'UE et prévoit des mesures pour remédier aux difficultés auxquelles les réfugiés sont confrontés. Il redéfinit par ailleurs l'approche de l'UE au financement de l'intégration. L'UE administre ces financements au travers de son Fonds Asile, Migration et Intégration (FAMI) pour 2014-20 ; d'un montant supérieur à 3 milliards EUR, celui-ci couvre diverses interventions, dont celles qui favorisent l'intégration des ressortissants de pays tiers. En 2017, la Commission a également établi avec des partenaires sociaux et économiques au niveau européen un « partenariat européen pour l'intégration » visant à resserrer la coopération en vue de favoriser une insertion plus rapide et plus efficace des réfugiés sur le marché du travail européen. L'aide aux autorités locales et régionales a par ailleurs été renforcée, notamment dans le cadre du Partenariat de l'Agenda Urbain pour l'inclusion des migrants et réfugiés.

Au sein de l'OCDE, le Comité d'aide au développement (CAD) a établi de nouvelles directives pour la notification des coûts associés à l'accueil des réfugiés dans les pays donateurs. Il apparaît que ces coûts ont fortement augmenté dans les pays membres du CAD, notamment en Europe. Avant 2013, ils s'établissaient à 2 milliards USD par an dans les pays de l'UE et à une somme similaire dans les pays non membres de l'UE. En 2016, ils ont atteint 12.3 milliards USD avant de se replier légèrement à 11.2 milliards USD en 2017. Dans les pays non membres de l'UE, ils ont atteint 3.6 milliards USD en 2016, avant de retomber à 2.5 milliards USD en 2017. Si l'aide publique au développement (APD) a financé une partie de la riposte immédiate à la crise, bon nombre d'observateurs constatent qu'elle n'est pas à la hauteur de l'objectif central de l'APD, qui est de favoriser le développement économique et l'amélioration du niveau de vie des pays en développement. En 2017, de nouvelles précisions ont été apportées aux directives sur la notification des coûts associés à l'accueil des réfugiés dans les pays donateurs, qui amélioreront la cohérence, la comparabilité et la transparence des informations communiquées par les membres du Conseil d'administration à ce sujet.

La manifestation la plus importante organisée au niveau multilatéral a été la réunion plénière de haut niveau sur la gestion des déplacements massifs de réfugiés et de migrants qui s'est tenue aux Nations Unies en septembre 2016. La Déclaration de New York pour les réfugiés et les migrants (Assemblée générale de Nations Unies, 2016[6]), qui a fait suite à la réunion, a abordé, pour la première fois à ce niveau, la nécessité d'une réponse globale.

S'agissant des réfugiés et immigrés, l'Assemblée générale, dans sa Déclaration, s'est engagée à prendre « les mesures qui s'imposent pour améliorer leur intégration et leur inclusion, selon qu'il conviendra, en particulier en ce qui concerne l'accès à l'éducation, aux soins de santé, à la justice et aux cours de langue ». Le document appelait aussi à l'élaboration de politiques nationales « selon qu'il conviendra, en collaboration avec les organisations de la société civile, y compris les organisations confessionnelles, le secteur privé, les organisations d'employeurs et de travailleurs et d'autres parties prenantes ». La Déclaration encourageait par ailleurs les gouvernements et la société civile à resserrer leurs liens de coopération, compte tenu de la contribution de la société civile à la « promotion du bien-être des immigrés et de leur intégration dans les sociétés, particulièrement dans les périodes où ils se trouvent dans une situation de vulnérabilité extrême ».

La réunion de 2016 s'est par ailleurs promis d'œuvrer à l'adoption d'un Pacte mondial sur les réfugiés (PMR). Celui-ci vise à faciliter l'accès à des solutions durables, notamment « des trois solutions durables classiques de rapatriement volontaire, de réinstallation et d'intégration locale ainsi que d'autres solutions locales et voies complémentaires d'admission dans des pays tiers pouvant offrir d'autres possibilités ». La version définitive a été publiée en juillet 2018, et prévoit l'élaboration d'indicateurs et d'un échéancier en vue d'augmenter le nombre de places de réinstallation.

Dans le cadre du PMR, l'Assemblée générale s'est engagée à mettre en œuvre un Cadre global d'action pour les réfugiés qui portera sur les éléments suivants : accueil et admission ; appui pour répondre aux besoins immédiats et permanents ; appui aux pays et communautés d'accueil ; et développement de solutions à long terme. Dans ce cadre, l'OCDE et le HCR ont établi un mécanisme de suivi du recours à des voies d'admission complémentaires par les personnes ayant besoin d'une protection internationale. L'OCDE a également consacré des travaux au financement et à l'utilisation efficace et efficiente des ressources. Ceux-ci s'inscrivent dans le cadre d'une étude de l'évolution de l'APD apportée par les membres du CAD aux programmes et projets portant sur l'accueil des réfugiés, ainsi que des plans de financement et d'autres travaux à venir.

L'intégration a occupé une place plus proéminente dans les travaux du G20. Parmi les priorités que les ministres du Travail et de l'Emploi se sont engagés à poursuivre dans leur déclaration faisant suite à la réunion du G20 de mai 2017, figurait celle consistant à « favoriser l'intégration juste et effective sur le marché du travail des immigrés en situation régulière, des réfugiés statutaires et des immigrés de retour, conformément à la législation nationale » (Ministres du Travail et de l'Emploi du G20, 2017[7]). L'annexe à la déclaration contient également plusieurs points portant spécifiquement sur l'intégration des réfugiés et des autres immigrés vulnérables.

Notes

[1] www.agendaforhumanity.org/summit.

Références

Assemblée générale de Nations Unies (2016), *Déclaration de New York pour les réfugiés et les migrants, Résolution adoptée par l'Assemblée générale,*, http://undocs.org/fr/A/RES/71/1 (accessed on 9 September 2018). [6]

Ceritoglu, E. et al. (2017), "The impact of Syrian refugees on natives' labor market outcomes in Turkey: Evidence from a quasi-experimental design", *IZA Journal of Labor Policy*, Vol. 6, http://dx.doi.org/10.1186/s40173-017-0082-4. [4]

Del Carpio, X. and M. Wagner (2016), "The impact of Syrians refugees on the Turkish labor market". [5]

Ministres du Travail et de l'Emploi du G20 (2017), *Ministerial Declaration: Towards an Inclusive Future: Shaping the World of Work*, Ministère fédéral du Travail et des Affaires sociales, Bad Neuenahr, http://www.bmas.de/SharedDocs/Downloads/DE/PDF-Pressemitteilungen/2017/g20-ministerial-declaration.pdf?__blob=publicationFile&v=2 (accessed on 9 September 2018). [7]

OCDE (2018), *Perspectives des migrations internationales 2018*, Éditions OCDE, Paris, https://dx.doi.org/10.1787/migr_outlook-2018-fr. [1]

OCDE (2017), *Perspectives économiques de l'OCDE, Volume 2017 Numéro 1*, Éditions OCDE, Paris, https://dx.doi.org/10.1787/eco_outlook-v2017-1-fr. [3]

OCDE/BIT/OIM/HCR (2018), *G20 International Migration and Displacement Trends Report 2018*, http://www.oecd.org/els/mig/G20-international-migration-and-displacement-trends-report-2018.pdf (accessed on 12 December 2018). [2]

Chapitre 2. L'intégration des réfugiés et des autres immigrés vulnérables

> *Les indicateurs relatifs à l'intégration des réfugiés et des autres immigrés vulnérables révèlent de pires résultats que ceux des autres catégories d'immigrés. Ce chapitre examine les données sur les résultats des réfugiés et des autres immigrés vulnérables, recense les facteurs de vulnérabilité et les obstacles à leur intégration, et passe en revue les acteurs, les mesures et les stratégies pouvant favoriser l'intégration.*

Que savons-nous de l'intégration des réfugiés et des autres immigrés vulnérables ?

Les réfugiés constituent l'une des catégories d'immigrés les plus vulnérables sur le marché du travail. Dans les pays européens, leur taux d'emploi est de 56 % ; il est supérieur de trois points de pourcentage à celui des immigrés pour raisons familiales, mais inférieur de neuf points à celui des personnes nées dans le pays (UE/OCDE, 2016[1]).

Dans l'ensemble, il faut compter jusqu'à vingt ans pour que le taux d'emploi des réfugiés atteigne celui des personnes nées dans le pays (Graphique 2.1). Cinq ans après l'arrivée dans le pays, un réfugié sur quatre seulement occupe un emploi ; ce taux est le plus faible de toutes les catégories d'immigrés.

Graphique 2.1. Taux d'emploi par catégorie d'immigrés et durée de séjour dans les pays européens de l'OCDE, 2014

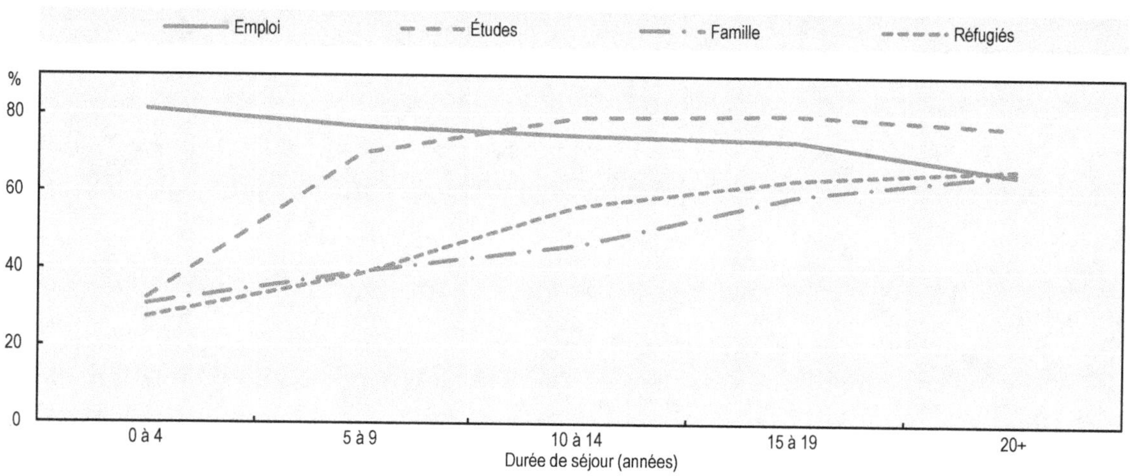

Source : UE/OCDE (2016[1]), *How are refugees faring on the labour market in Europe? - EU Law and Publications*, https://dx.doi.org/10.2767/350756.

L'écart entre les taux d'emplois des réfugiés et ceux des autres immigrés s'explique en grande partie par l'écart de niveau d'instruction – les réfugiés sont plus souvent des personnes peu instruites, dont le taux d'emploi est nettement inférieur à la moyenne.

L'intégration des femmes réfugiées au marché du travail pose des problèmes particuliers. Leur taux d'emploi est de 45 % en moyenne ; il est inférieur de 17 points à celui des réfugiés de sexe masculin, et inférieur de 6 points à celui des autres femmes nées à l'extérieur de l'UE.

Ce résultat tient en partie à ce que près de la moitié des femmes réfugiées ont un faible niveau d'instruction, pourcentage sensiblement supérieur à celui d'autres catégories d'immigrés. Il tient aussi à leur faible taux d'activité (57 %) par rapport aux réfugiés de sexe masculin (77 %).

La maîtrise de la langue du pays d'accueil a une incidence considérable sur la situation des réfugiés sur le marché de l'emploi, quel que soit leur niveau d'éducation.

Les réfugiés sont nettement plus susceptibles de déclassement que les autres immigrés. Au total, près de 60 % des réfugiés diplômés de l'enseignement supérieur employés dans l'UE sont surqualifiés pour les postes qu'ils occupent, taux plus de deux fois supérieur à celui des personnes nées dans le pays, et aussi substantiellement supérieur à ceux des autres catégories d'immigrés.

La non-reconnaissance générale observée des qualifications des réfugiés tient à ce que la plupart sont titulaires de diplômes étrangers que les employeurs ont des difficultés à évaluer ; qui plus est, les réfugiés ne sont souvent pas en mesure de fournir les justificatifs attestant leurs diplômes.

Que savons-nous des conditions de vie des réfugiés et des autres immigrés vulnérables ?

Une insertion relativement insatisfaisante sur le marché du travail se traduit par des conditions de vie plus médiocres pour les immigrés en général, et pour les plus vulnérables en particulier. Dans la majorité des pays de l'OCDE, quasiment tous les indicateurs des conditions de vie montrent que les immigrés sont moins bien lotis que la population née dans le pays (Graphique 2.2). Qu'il s'agisse du revenu des ménages, des conditions de logement, du niveau de satisfaction dans la vie, de l'aide sociale et des compétences des élèves[1], les immigrés obtiennent de moins bons résultats que la population née dans le pays dans 75 % des pays de l'OCDE au moins. La confiance dans le régime politique est le seul indicateur pour lequel ils affichent de meilleurs résultats que les personnes nées sur place dans une majorité de pays de l'OCDE.

Graphique 2.2. Résultats relatifs des immigrés et de la population née dans le pays pour une sélection d'indicateurs des conditions de vie

En proportion de tous les pays de l'OCDE %

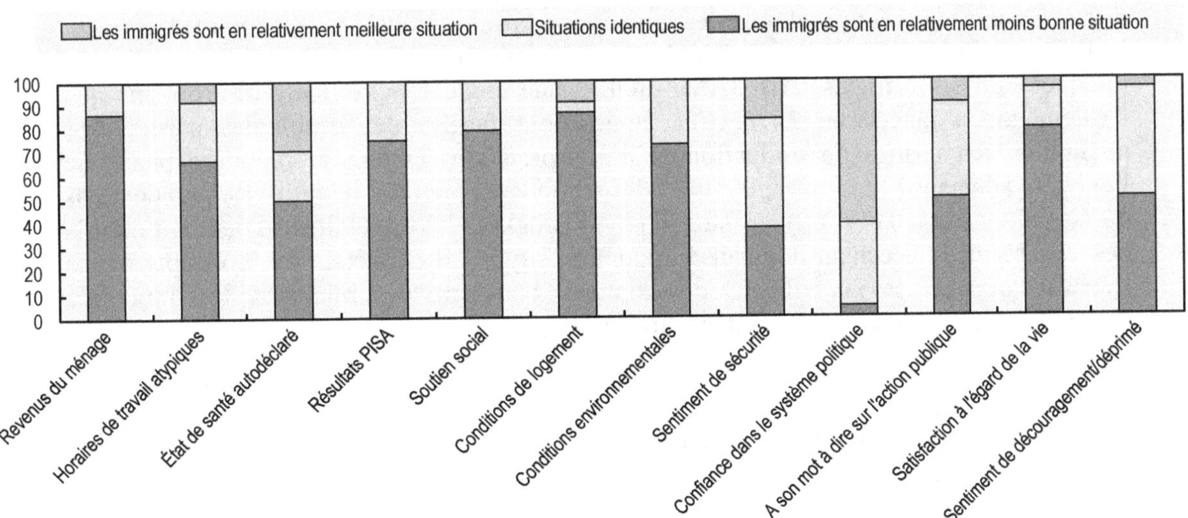

Source : OCDE (2017[2]), *Comment va la vie ? 2017 : Mesurer le bien-être*, https://dx.doi.org/10.1787/how_life-2017-fr.

Un domaine dans lequel l'écart entre les immigrés et la population née dans le pays est particulièrement flagrant est celui de la qualité de l'emploi. Les immigrés sont plus susceptibles d'exercer un emploi peu rémunéré, et deux fois plus susceptibles de pauvreté active que les personnes nées dans le pays. Dans les pays de l'OCDE, 20 % en moyenne des personnes nées à l'étranger vivaient sous le seuil de pauvreté en 2015, contre 10 % des personnes nées dans le pays (OCDE/UE, 2018[3]). Les immigrés sont aussi plus susceptibles d'être surqualifiés pour les emplois qu'ils occupent : 35 % des immigrés titulaires d'un diplôme de l'enseignement supérieur exercent un emploi qui requiert un niveau de qualification inférieur, contre 31 % des personnes nées dans le pays (OCDE/UE, 2018[3]).

Les immigrés risquent aussi davantage d'être exposés à des conditions de travail dangereuses ou nocives. Dans les pays couverts par l'Enquête européenne sur les conditions de travail (EWCS), les immigrés signalent des conditions de travail plus dangereuses que les personnes nées dans le pays. Selon l'enquête, plus de la moitié des immigrés qui travaillent en Suède, en France et en Espagne exercent des emplois qui présentent un ou plusieurs risques pour leur santé physique.

Quitter son pays pour entamer une nouvelle vie dans un autre est un événement déterminant qui bouleverse la vie des immigrés à tous les niveaux. Bien que cette décision leur permette d'accéder à une vie meilleure, elle peut aussi les exposer à des difficultés et des épreuves auxquelles ils n'auraient pas fait face autrement – notamment l'éloignement de leurs amis, de leur famille et de tout ce qui fait que l'on se sent chez soi.

De toute évidence, les immigrés sont aussi plus vulnérables que d'autres catégories de la population. Les réfugiés et demandeurs d'asile, en particulier, connaissent des conditions de vie sensiblement inférieures à celles d'autres catégories d'immigrés à leur arrivée dans le pays d'accueil car la migration forcée est plus coûteuse et risquée que d'autres formes de migration (Brücker, 2016[4]). Malheureusement, ces personnes sont les moins susceptibles d'être représentées dans les enquêtes classiques auprès des ménages.

Conscients du fait que les besoins et le vécu des personnes contraintes d'émigrer sont très différents de ceux des autres, certains pays ont mis en œuvre des enquêtes ciblées pour mesurer leur bien-être. C'est par exemple le cas de l'enquête *Building a New Life in Australia*, une étude longitudinale de cinq ans conduite entre 2013 et 2018 par l'Australian Institute of Family Studies avec l'aide du Department of Social Services, et celui de l'enquête sur les réfugiés IAB-BAMF-SOEP, une étude longitudinale de trois ans que l'Allemagne a lancée en 2016. Ces études font face à des problèmes particuliers, notamment en termes de traduction et d'interprétation. Durant la première phase de l'enquête allemande, par exemple, 90 % des répondants ont indiqué qu'ils ne parlaient pas du tout allemand avant d'arriver dans le pays (Brücker, 2016[4]). Elles se heurtent aussi à des problèmes d'échantillonnage : pour ce type d'enquête, la conception de l'échantillonnage et la collecte de données couvrent généralement les immigrés officiellement enregistrés auprès des autorités du pays d'accueil.

Il est toutefois utile de surmonter ces obstacles car les résultats de ces enquêtes fournissent des informations importantes concernant le vécu et la situation de ce groupe vulnérable d'immigrés. La première phase de l'enquête allemande a, par exemple, montré qu'un quart des répondants avait survécu à un naufrage, deux cinquièmes avaient été victimes de violences physiques, un cinquième avait été dévalisé, plus de la moitié avait été victime d'escroquerie, plus d'un quart de chantage, et 15 % des femmes réfugiées ont déclaré avoir été victimes d'agressions sexuelles. L'enquête australienne a, par ailleurs, mis en évidence le nombre élevé d'immigrés ayant vécu des événements traumatiques, et montré une prévalence beaucoup plus élevée de niveaux modéré à élevé de détresse psychologique chez les participants à l'enquête, qu'au sein de la population en général. Ainsi, 35 % des répondants et 45 % des répondantes se caractérisaient par un risque de détresse psychologique modéré à élevé au cours des quatre semaines ayant précédé l'enquête, contre 7 % des Australiens et 14 % des Australiennes (Jenkinson et al., 2016[5]). Les participants à l'enquête australienne ont toutefois également indiqué qu'ils s'adaptaient bien à leur nouveau pays : 84 % d'entre eux ont fait état d'une expérience globalement bonne ou très bonne, et cité parmi les principaux facteurs favorisant leur adaptation, le sentiment de sécurité qu'ils éprouvent et le bonheur de leurs enfants (Jenkinson et al., 2016[5]).

Que savons-nous des compétences des réfugiés et autres immigrés vulnérables ?

L'intégration des réfugiés est généralement plus délicate que celle d'autres immigrés, ce qui tient à diverses raisons liées tant à leur profil sociodémographique qu'aux conditions dans lesquelles ils ont émigré. Il importe d'évaluer les compétences de ceux qui sont dotés d'une solide formation, et d'identifier les obstacles à leur utilisation.

Les informations concernant le niveau d'instruction des réfugiés récents sont relativement rares, proviennent de sources diverses et ont été recueillies à différents stades de la procédure d'asile. En conséquence, il n'existe pas de données complètes et comparables entre les différents pays de l'OCDE.

Cependant, même les réfugiés ayant un faible niveau d'éducation disposent de compétences. Outre leurs compétences cognitives et leur expérience, ils apportent leur espoir et leur volonté de reconstruire leur vie. Leur motivation forte peut être largement mise à profit par le biais de mesures adaptées

Il est toutefois difficile d'évaluer les compétences des réfugiés. Dans certains pays, des études ont mesuré le niveau d'instruction des demandeurs d'asile ; dans d'autres, en revanche, ces informations ne sont disponibles que pour les réfugiés. Le Graphique 2.3 illustre la répartition par niveau de scolarité des réfugiés syriens et afghans (deux des principaux pays d'origine des réfugiés récemment arrivés) dans divers pays de transit ou de destination de l'OCDE. Dans l'ensemble, leur niveau d'instruction est relativement faible, le pourcentage de personnes ayant un niveau post-secondaire étant toutefois sensiblement supérieur parmi les réfugiés syriens. Des différences sont également observables selon les phases de migration et les catégories de réfugiés : le pourcentage de diplômés de l'enseignement supérieur est nettement inférieur parmi les réfugiés syriens installés en Turquie que parmi ceux qui ont émigré en Suède ou en Autriche. Au Canada, les réfugiés syriens qui ont bénéficié d'un parrainage privé étaient beaucoup plus susceptibles d'avoir un niveau post-secondaire que ceux qui ont été réinstallés dans le cadre d'un programme de parrainage public.

Si les analyses internationales sont rares, il existe des études et projets prometteurs. L'OCDE, par exemple, a réalisé en collaboration avec la Banque mondiale une étude pilote visant à évaluer les compétences de la population réfugiée au moyen de son outil Éducation et Compétences en Ligne (Encadré 2.1).

Au niveau national, certains pays ont fait appel à des instruments et mené des études pour évaluer les compétences des réfugiés. En Allemagne, par exemple, l'enquête sur les réfugiés IAB-BAMF-SOEP a recueilli des informations sur les demandeurs d'asile et les réfugiés arrivés entre 2013 et janvier 2016. Elle a collecté des données sur le niveau d'instruction, les qualifications et le niveau de connaissance de la langue des répondants, et également testé leurs compétences cognitives au moyen d'un examen de mathématiques. Il ressort des résultats que les réfugiés dont le niveau d'éducation correspond aux niveaux supérieurs de la CITE (4 et plus) ont obtenu de meilleures notes à l'examen de mathématiques que les autres. Les analyses indiquent que cet examen est un indicateur approprié pour évaluer le potentiel cognitif des réfugiés et complète l'estimation de leur potentiel de compétences, favorisant à terme une intégration réussie (Brücker, Rother et Schupp, 2017[6]).

Graphique 2.3. Répartition des Syriens et des Afghans par niveau d'éducation dans une sélection de pays de transit ou de destination

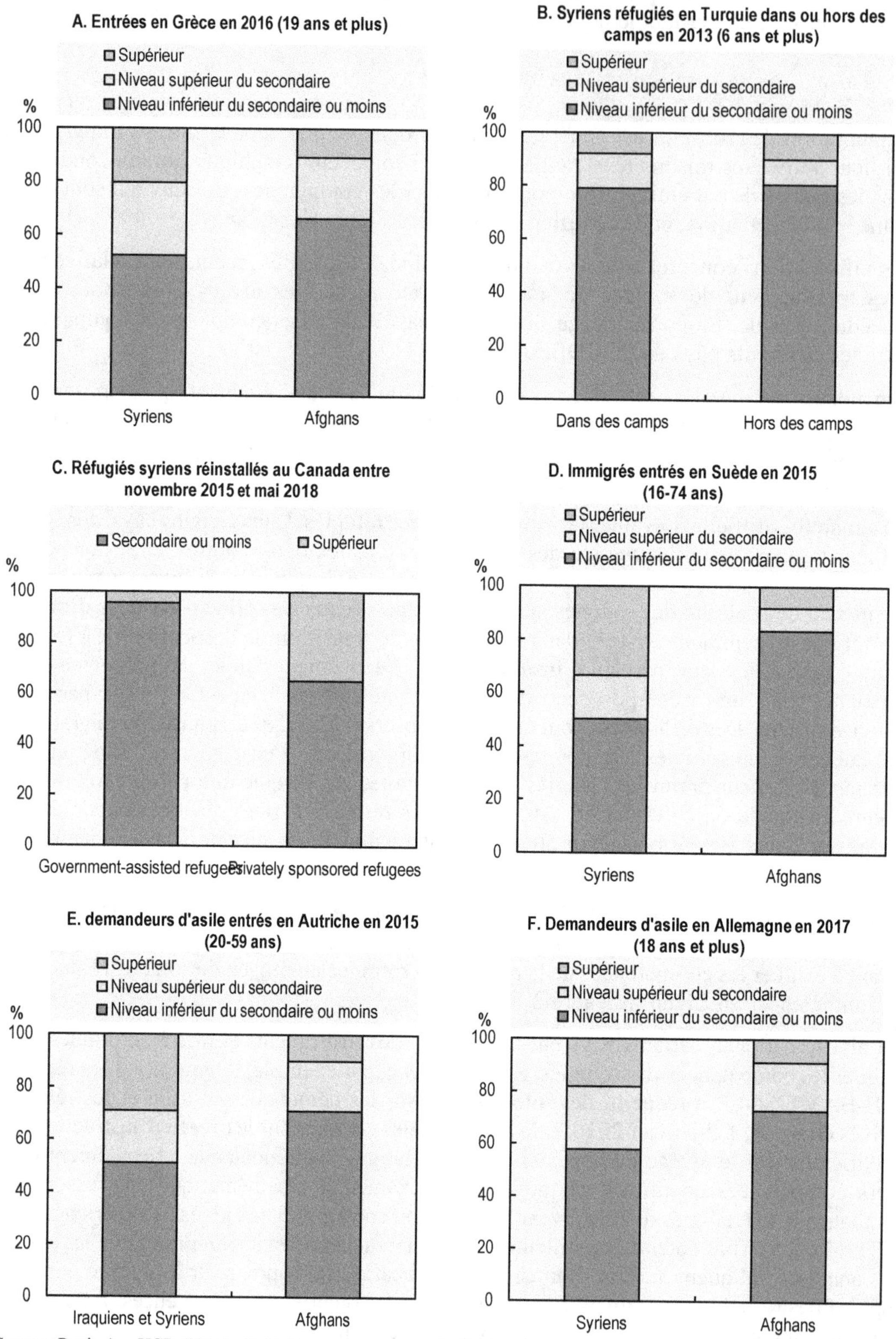

Source : Partie A – HCR (2016) ; Partie B – Agence turque de Gestion des catastrophes et des situations d'urgence (AFAD) (2013) ; Partie C – Immigration, Réfugiés et Citoyenneté Canada ; Partie D – Office statistique suédois ; Partie E –Enquête sur les personnes déplacées en Autriche (DiPAS) ; Partie F – Office fédéral allemand des migrations et des réfugiés (BAMF) (2018).

Proposer aux immigrés des trajectoires professionnelles correspondant à leurs aspirations et à leurs compétences est un vrai défi. Bon nombre des immigrés récents connaissent mal le système d'enseignement et de formation professionnels, les métiers qu'il couvre, les débouchés qu'il offre sur le marché du travail et les perspectives qu'offrent d'autres filières. D'autres sont confrontés à des contraintes financières qui ne leur permettent pas de se contenter d'un salaire d'apprenti pendant la période de formation initiale, même si sa rentabilité future justifierait cet investissement. Enfin d'autres n'ont pas les compétences suffisantes, notamment la maîtrise de la langue, pour suivre une formation professionnelle et ont besoin d'aide et de préparation.

Certains auraient intérêt à acquérir les compétences techniques de base, les codes culturels du lieu de travail, ou le vocabulaire spécifique à leur profession. Comme il est aussi parfois difficile de trouver un poste d'apprenti dans une entreprise, une aide à la rédaction de lettres de candidature et à la préparation des entretiens serait utile aux immigrés. Une fois qu'ils ont intégré le système d'enseignement et formation professionnels, bon nombre de jeunes éprouvent des difficultés à faire face à la charge de travail, surtout si leur connaissance de la langue est imparfaite. La plupart des programmes d'intégration prévoient des cours de langue avant l'entrée en formation professionnelle, mais les élèves qui n'en ont pas acquis une maîtrise suffisante risquent de se heurter à des problèmes dans les établissements de formation professionnelle qui n'assurent pas un soutien linguistique complémentaire.

Si certains employeurs confrontés à des pénuries de main d'œuvre sont particulièrement disposés à embaucher des apprentis, nombreux sont ceux qui sont réticents à recruter des personnes qui ne maîtrisent pas la langue. Selon une étude récente des employeurs allemands, un appui à l'enseignement de la langue spécialisée professionnelle serait la mesure la plus importante pour les inciter à offrir davantage de postes d'apprentissage aux réfugiés (OCDE, 2017[7]). Les différences culturelles sont également un défi, dans la mesure où certains apprentis ont parfois du mal à s'adapter à une nouvelle culture professionnelle (arriver à l'heure par exemple).

Les difficultés financières et personnelles peuvent aussi influer sur le taux d'achèvement des programmes d'apprentissage des réfugiés. L'abandon est parfois dû à des problèmes financiers –certains ne peuvent tout simplement pas se permettre de vivre avec un salaire d'apprenti, même s'il s'agit d'un investissement dans l'avenir. Les difficultés personnelles (crainte d'expulsion, inquiétude pour les membres de la famille restés dans le pays, etc.) les empêchent aussi parfois de mener le programme à terme.

Encadré 2.1. Évaluation pilote des compétences dans les camps de réfugiés

Éducation et compétences en ligne est un outil d'évaluation conçu pour fournir des résultats, au niveau individuel, qui sont liés aux mesures internationales de l'Évaluation des compétences des adultes (PIAAC) dans les domaines de la littératie, de la numératie et de la résolution de problèmes dans des environnements à forte composante technologique. L'évaluation comprend en outre des mesures non-cognitives de l'utilisation des compétences, de l'intérêt pour une carrière, du bien-être et de la santé. Elle a été menée en 2017, à titre expérimental, dans des centres et camps de réfugiés en Grèce et en Italie, dans quatre langues (anglais, français, arabe et farsi). Les répondants étaient des demandeurs d'asile âgés de 18 ans et plus, originaires des principaux pays de départ. L'échantillonnage a été conçu pour être représentatif de la population adulte séjournant dans les centres d'accueil. En Italie, les 2 446 répondants (dont 12 % de femmes) étaient originaires du Nigéria, de Gambie, du Sénégal, d'Érythrée, du Mali, de Côte d'Ivoire, de Guinée, de

Somalie et du Soudan. En Grèce, 1 681 personnes ont été interrogées (34 % de femmes), originaires de Syrie, d'Afghanistan et d'Irak. L'enquête a constaté des niveaux de compétences et de littératie faibles parmi les personnes interrogées. Les résultats diffèrent selon le pays d'origine ; ceux des participants à l'enquête menée en Grèce sont supérieurs à ceux répondants interrogés en Italie (Banque mondiale, 2018[8]).

Des études similaires ont été conduites dans des camps de réfugiés situés dans des pays en développement. Dans le cadre d'un projet de placement et d'emploi, l'enquête *Jordan Compact* (voir Encadré 2.12), qui comporte un questionnaire de cartographie des compétences, a été conduite dans le camp de Zaatari en Jordanie. Elle a porté sur les antécédents professionnels, le niveau d'instruction, la formation antérieure, la connaissance du droit national du travail, sur les compétences techniques/fonctionnelles dans le secteur manufacturier, celui de l'habillement et d'autres branches, et sur les incitations qui inciteraient les réfugiés à accepter un emploi. La plupart avaient un niveau d'instruction correspondant à la neuvième année d'étude, celui des femmes étant dans l'ensemble plus élevé que celui des hommes (Graphique 2.4). L'étude a, en outre, montré qu'une majorité d'hommes (75 %) et de femmes (54 %) étaient disposés à accepter un emploi à l'extérieur du camp, et désireux d'acquérir de nouvelles compétences pour trouver un emploi.

Graphique 2.4. Niveau d'instruction des réfugiés du camp de Zaatari (Jordanie), selon le sexe

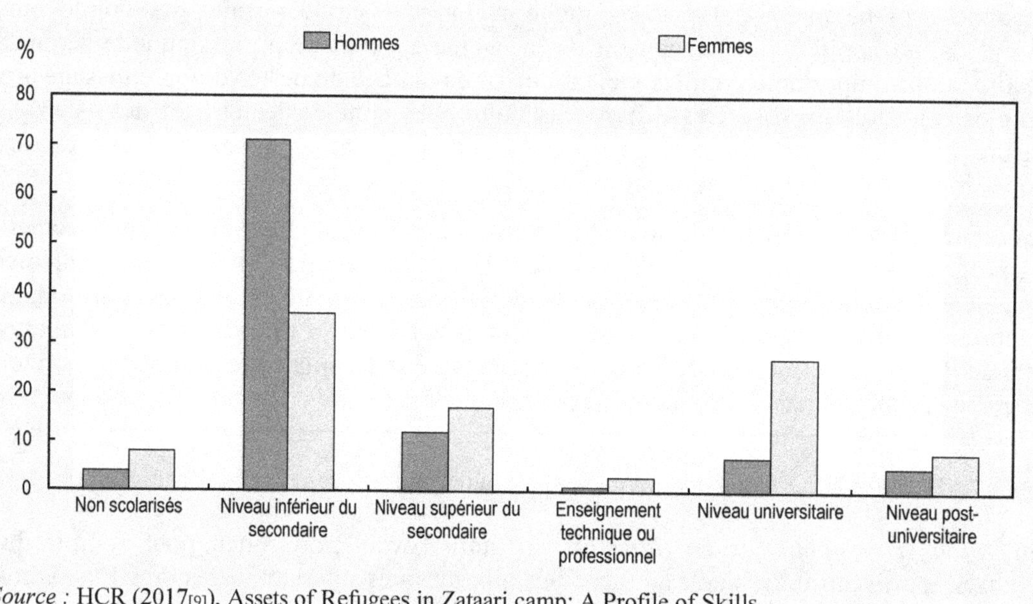

Source : HCR (2017[9]), Assets of Refugees in Zataari camp: A Profile of Skills.

Quels sont les obstacles à l'insertion des réfugiés et des autres immigrés vulnérables sur le marché du travail ?

La participation active de tous les immigrés – y compris les plus vulnérables – au marché du travail et à la société est un élément déterminant pour assurer la cohésion sociale du pays d'accueil et permettre aux immigrés de devenir des citoyens autonomes et productifs. L'intégration est un processus mutuel, dynamique et pluridimensionnel. En ce qui concerne l'immigré, l'intégration exige qu'il soit capable de comprendre le mode de vie de la société d'accueil et désireux de s'y adapter sans pour autant perdre sa propre identité culturelle. L'intégration implique que la société d'accueil soit disposée et apte à accueillir les immigrés, et sensible à leurs besoins.

Divers écueils peuvent faire obstacle à l'intégration des réfugiés et des autres immigrés vulnérables tout au long du processus. Si bon nombre d'entre eux s'appliquent à des degrés divers à tous les nouveaux immigrés, les réfugiés présentent quatre facteurs de vulnérabilité particuliers :

- *Primo*, leur niveau d'instruction est généralement inférieur à celui des personnes nées dans le pays et des autres immigrés.

- *Secundo*, ils sont plus susceptibles d'avoir subi des traumatismes.

- *Tertio*, comme ils n'ont pas choisi d'émigrer, ils n'ont généralement pas eu la possibilité de se préparer à vivre dans un nouveau pays.

- *Quarto*, l'arrivée des réfugiés intervient souvent dans le cadre de vagues migratoires importantes, ce qui signifie qu'ils se font concurrence sur le marché de l'emploi.

Par conséquent, les réfugiés ne partent pas du même pied que les autres immigrés sur le marché du travail et dans la société d'accueil. Les données concernant les pays européens de l'OCDE montrent – après neutralisation des autres caractéristiques individuelles pertinentes – que leurs taux d'emploi sont inférieurs de 23 points de pourcentage à ceux de leurs pairs arrivés dans le cadre des migrations de travail (UE/OCDE, 2016[1]).

La maîtrise de la langue du pays d'accueil est indispensable à une insertion réussie sur les marchés locaux de l'emploi et à l'utilisation des qualifications acquises antérieurement. Elle permet d'entretenir davantage de contacts sociaux avec les personnes nées dans le pays et offre davantage de possibilités de poursuivre des études supérieures et de se déplacer dans le pays. Les réfugiés n'ont pas, ou peu, eu le temps d'apprendre la langue du pays d'accueil avant leur arrivée et ont parfois un niveau d'éducation inférieur qui les empêche de l'acquérir.

Moins de la moitié (45 %) des réfugiés en Union européenne ont déclaré avoir une connaissance avancée de la langue du pays d'accueil, contre deux tiers des autres immigrés de pays non membres de l'UE. Il existe une forte corrélation négative entre les difficultés linguistiques et la situation sur le marché du travail, indépendamment des catégories d'entrée, ou du niveau des qualifications ou du pays où elles ont été obtenues. Si les réfugiés avaient la même maîtrise de la langue du pays d'accueil que les personnes qui y sont nées, leur taux d'emploi serait supérieur de 10 points à ce qu'il est actuellement, alors que la progression serait moindre pour toutes les autres catégories d'immigrés (UE/OCDE, 2016[1]).

Or, selon la législation nationale, tous les groupes vulnérables n'ont pas accès à une formation linguistique financée sur fonds publics ; dans de nombreux pays de l'OCDE, les demandeurs d'asile et les bénéficiaires d'une protection temporaire n'y ont pas droit.

De manière plus générale, la vulnérabilité découle de l'absence de compétences transférables et appréciées dans le pays d'accueil. En 2012-13, un peu plus d'un immigré d'âge actif sur quatre en moyenne, soit 25 millions, avait un faible niveau d'instruction.

L'évaluation des compétences des immigrés est en grande partie déterminée par leur maîtrise de la langue du pays d'accueil. Globalement, selon l'enquête PIAAC de 2012, les immigrés ont des niveaux de littératie sensiblement inférieurs (dans la langue du pays d'accueil) aux personnes qui y sont nées. Les écarts les plus prononcés concernent les personnes peu instruites, notamment en Suède, en Norvège, en France, aux Pays-Bas, en Autriche et en Allemagne. Dans la zone OCDE et l'Union européenne, deux immigrés locuteurs d'une langue étrangère sur cinq environ (qui n'ont pas appris la langue du pays d'accueil dans leur enfance) ont des compétences en littératie inférieures aux compétences de base (équivalant au mieux au niveau 2 du PIAAC), et plus de la moitié d'entre eux ont des compétences insuffisantes (équivalant au mieux au niveau 1 du PIAAC).

Les personnes nées à l'étranger dont la langue maternelle diffère de la langue du test ont tendance à afficher des compétences à l'écrit et en calcul moins élevées et à obtenir de moins bons résultats sur le marché du travail que celles dont la langue maternelle correspond à celle du test. Néanmoins, le handicap linguistique varie considérablement, à l'intérieur des pays et entre eux, selon le degré de proximité entre la langue maternelle des immigrés et la langue dans laquelle le test était formulé. La difficulté est particulièrement prononcée pour les immigrés qui sont arrivés dans le pays d'accueil après l'âge de 12 ans, et persiste quelle que soit la durée du séjour (OCDE, 2018[10]).

Les réfugiés et autres immigrés vulnérables de haut niveau d'éducation formés à l'étranger éprouvent des difficultés à faire reconnaître leurs qualifications et à les valoriser sur le marché du travail du pays d'accueil. Ces marchés ont tendance à déprécier les qualifications étrangères, ce qui influe négativement sur l'emploi, mène au déclassement et réduit les salaires (Bonfanti et Xenogiani, 2014[11]). Le rendement d'une éducation acquise à l'étranger en termes d'emploi – mesurée par l'augmentation de la probabilité de trouver un emploi par année supplémentaire d'éducation – est à peine d'un peu plus de la moitié de celui de diplômes nationaux, en Europe comme aux États-Unis.

La dévaluation des diplômes étrangers sur le marché du travail perdure même après neutralisation des différences de durée de séjour dans le pays et de compétences en littératie (OCDE, 2014[12]). C'est là un problème central pour l'intégration puisque deux tiers des immigrés sont titulaires de diplômes étrangers (OCDE/UE, 2015[13]). Selon les estimations, entre un tiers et la moitié de la différence entre les taux de déclassement des immigrés et ceux des personnes nées dans le pays tiendrait à des niveaux de compétences inférieurs à des niveaux de qualification donnés (Bonfanti et Xenogiani, 2014[11] ; OCDE, 2007[14]). Reste à savoir dans quelle mesure la dévaluation des diplômes étrangers est due à une moindre performance des systèmes éducatifs des pays d'origine ou à une transférabilité limitée des compétences.

Les employeurs du pays d'accueil déprécient encore davantage l'expérience professionnelle acquise à l'étranger que les diplômes étrangers. Certaines données (Picot et Sweetman, 2011[15]) indiquent toutefois que les attitudes évoluent une fois que les immigrés se familiarisent avec le marché du travail local et que les employeurs disposent d'informations qui leur permettent de mieux juger de la valeur des qualifications et de l'expérience professionnelle acquises à l'étranger.

Certains réfugiés et autres immigrés vulnérables doivent surmonter des traumatismes avant de pouvoir entrer sur le marché du travail. Certains souffrent de problèmes de santé parce qu'ils ont été exposés à des environnements défavorables et n'ont pas eu accès à des établissements médicaux, ou ont subi des violences physiques ou des traumatismes qui appellent des soins particuliers et une prise en charge médicale et psychologique adéquate.

Un autre facteur de la vulnérabilité des réfugiés, lié à leur manque de préparation, tient à leur manque de réseau ou de compréhension du fonctionnement des marchés du travail, ce qui affecte leur recherche d'emploi et leur accès aux filières de recrutement, même quand ils possèdent des diplômes au moins comparables à ceux de leurs homologues nés dans le pays. Ils sont encore plus désavantagés lorsqu'il s'agit de la connaissance du marché du travail et des pratiques de recrutement du pays d'accueil, ainsi que des contacts, directs ou indirects, avec les employeurs.

L'absence de contacts directs entre les employeurs et les immigrés alimente en outre les doutes des premiers quant aux compétences et à la productivité des seconds. Une étude suédoise (Åslund, Hensvik et Skans, 2014[16]) a constaté que les dirigeants sont généralement beaucoup plus enclins à embaucher des travailleurs ayant la même origine ethnique qu'eux.

Les réseaux relèvent du problème plus général de la connaissance du marché du travail local et de son fonctionnement. La rédaction des candidatures et la manière de se présenter lors d'un entretien d'embauche sont généralement propres à chaque pays. Les différences à ces égards sont considérables, même entre pays de l'OCDE.

La discrimination fondée sur la race, l'appartenance ethnique ou la nationalité est également un facteur qui freine l'accès des immigrés aux marchés de l'emploi et du logement notamment. Dans l'OCDE et l'UE, entre 2002 et 2012, un immigré sur sept estimait faire l'objet d'une discrimination en raison de son origine. La discrimination est plus fréquemment ressentie par les hommes et les personnes nées dans les pays à faible revenu. Des études fondées sur des tests de situation et de discrimination sur CV ont apporté la preuve d'une discrimination à l'embauche dans de nombreux pays de l'OCDE (OCDE, 2014[12]). Les immigrés et leurs descendants doivent couramment envoyer deux fois plus de candidatures que les autres avant d'obtenir un entretien de recrutement.

Que savons-nous de l'insertion dans le système scolaire des enfants réfugiés et des enfants immigrés vulnérables ?

L'insertion des enfants réfugiés et des autres enfants immigrés vulnérables (comme les mineurs non accompagnés – dont le cas est examiné ci-dessous – et les demandeurs d'asile) dans le système d'enseignement est importante pour leurs résultats scolaires, mais aussi pour leur bien-être social et émotionnel. Le succès (ou l'échec) de l'intégration scolaire peut également affecter le potentiel futur d'insertion professionnelle de ces enfants. Les facteurs de risque et de protection du bien-être des enfants immigrés dans le contexte scolaire (Graphique 2.5) s'appliquent également aux enfants réfugiés. Les travaux concernant les politiques et pratiques efficaces pour l'intégration des enfants réfugiés et des enfants immigrés vulnérables demeurent toutefois rares.

Graphique 2.5. Vue d'ensemble des facteurs de risque et de protection du bien-être des enfants immigrés

Individu	Famille	École	Échelle systémique
• Genre • Pays d'origine • Travail rémunéré ou non après l'école • Langue parlée à la maison • Enseignement pré-primaire	• Niveau d'éducation des parents • Situation professionnelle des parents • Indice de ressources matérielles • Engagement des parents dans la communauté scolaire	• Climat d'apprentissage • Mesures prises par les écoles • Ressources des écoles	• Stratification • Allocation des ressources • Gouvernance • Évaluation

Source : OCDE (2018[17]), *La résilience des élèves issus de l'immigration : Les facteurs qui déterminent le bien-être (Version abrégée)*, https://dx.doi.org/10.1787/9789264085336-fr.

Malgré une ambition plus forte pour réussir, les élèves d'origine immigrée ne parviennent généralement pas à mettre leur motivation au service de leur réussite scolaire. Même dans certains pays où leur contre-performance scolaire est moins marquée, les analyses montrent que les élèves d'origine immigrée affichent des résultats relativement médiocres à l'aune d'autres indicateurs du bien-être, comme un fort sentiment d'appartenance scolaire, ou des niveaux élevés d'anxiété liée au travail scolaire (OCDE, 2018[17]).

Le désavantage socioéconomique et la barrière de la langue sont deux des principaux obstacles à l'insertion réussie des élèves d'origine immigrée. Dans les pays de l'OCDE, la probabilité que ceux qui ne parlent pas la langue de l'évaluation fassent preuve de résilience scolaire est inférieure d'environ huit points de pourcentage à celle des élèves issus de l'immigration qui parlent la langue du pays. Dans certains pays, toutefois, le système d'enseignement et les communautés d'accueil aident les élèves d'origine immigrée à surmonter ce désavantage et leur donnent les moyens de tirer parti de leur forte motivation pour réussir et s'épanouir (OCDE, 2018[17]).

Alors que l'on dispose de nombreuses études sur les enfants immigrés, peu de travaux ont été consacrés aux enfants réfugiés. Cela tient souvent au fait que ces enfants ne sont pas expressément identifiés ou échantillonnés en nombre suffisant dans les enquêtes nationales ou internationales, comme les enquêtes PISA, pour que l'on puisse procéder à des comparaisons internationales des enfants relevant des mêmes catégories de réfugiés. De ce fait, il est difficile d'aboutir à des conclusions quant aux résultats scolaires des enfants réfugiés dans les différents pays (Crul et al., 2017[18]).

Des travaux portant sur la vague actuelle de réfugiés sont en cours, mais il existe déjà des études sur les afflux antérieurs de personnes arrivées en Europe dans les années 90, fuyant l'ex-Yougoslavie, l'Iran, l'Irak, l'Afghanistan et la Somalie. De nombreuses études sur l'insertion des réfugiés au système scolaire ont également été conduites en Australie (Matthews, 2008[19]), au Canada (Wilkinson, 2002[20]) et aux États-Unis (McBrien, 2005[21]). Les données limitées dont on dispose révèlent que les enfants réfugiés se heurtent à davantage d'obstacles que les autres enfants immigrés (Commission européenne, 2013[22] ; SNIS, 2015[23] ; McBrien, 2005[21] ; Sirin et Rogers-Sirin, 2015[24] ; Suárez-Orozco et al., 2011[25]).

La plupart des études sur les enfants réfugiés portent sur la période suivant leur arrivée, lorsqu'ils se retrouvent dans des classes d'accueil ou d'initiation. En Grèce, par exemple, des structures d'accueil et d'éducation des réfugiés fournissent des services de préinsertion, suivis de classes d'accueil qui mettent l'accent sur le soutien psychologique afin de faciliter la transition à des structures d'éducation traditionnelles. Il importe toutefois d'examiner les étapes suivant les classes d'accueil. Les travaux réalisés jusqu'ici se sont intéressés à des facteurs personnels, comme les traumatismes ou les antécédents individuels (Nilsson et Bunar, 2016[26]). Les facteurs institutionnels, comme l'organisation des classes d'accueil ou la formation linguistique et l'accès aux études au-delà de la scolarité obligatoire, influent aussi notablement sur la trajectoire et les résultats scolaires des enfants réfugiés, mais n'ont pas fait l'objet de beaucoup d'études (Crul et al., 2017[18]). L'organisation du système d'éducation et les possibilités offertes aux enfants réfugiés de suivre les programmes d'enseignement et de formation varient selon les pays. Ces variations peuvent avoir une incidence sur les résultats scolaires et le bien-être de ces enfants.

L'accès à l'enseignement et la scolarisation des jeunes enfants sont des facteurs majeurs d'insertion des enfants réfugiés et immigrés (Crul et al., 2017[18]). Pourtant, l'accès à l'éducation de tous les enfants réfugiés n'est pas garanti dans tous les pays, que ce soit avant ou après l'âge de scolarisation obligatoire. La scolarisation du jeune enfant revêt une importance primordiale car les lacunes accumulées dans les premières années de la scolarité – en matière d'acquisition de la langue notamment – ne font que s'amplifier par la suite en l'absence de contremesures appropriées.

Certaines études, au Pays-Bas par exemple, indiquent que dix heures hebdomadaires de développement du langage dispensées aux enfants âgés de deux ans et demi à quatre ans dans les crèches et établissements préscolaires réduit l'écart linguistique et l'écart de compétences entre enfants favorisés et défavorisés (Akgündüz et Heijnen, 2018[27] ; Leseman et al., 2017[28]). Le développement du langage est plus avancé chez les enfants défavorisés qui fréquentent des crèches et des établissements préscolaires où ces programmes sont en œuvre que chez les enfants défavorisés qui fréquentent d'autres crèches et établissements préscolaires (OCDE, 2017[29]).

Par ailleurs, le nombre d'heures de cours à l'école élémentaire est important, car plus ces heures sont nombreuses, plus elles réduisent la dépendance à l'égard des parents. Même si leur nombre est suffisant, la plupart des enfants réfugiés présentent un retard à la fin du cycle élémentaire. Un suivi ultérieur, à l'école secondaire, peut à la longue combler ces retards. Les possibilités de passer d'une filière professionnelle à une filière générale (filière parallèle ou longue) revêtent aussi une importance particulière. Les enfants réfugiés ont souvent besoin d'emprunter les filières parallèles et sont souvent retardés par des problèmes linguistiques dus à leur arrivée tardive dans le pays de destination. Pour cette catégorie d'élèves, l'apprentissage et l'acquisition de la deuxième langue est déterminante. Une période prolongée (jusqu'à deux ans) dans des classes séparées peut compromettre la réussite scolaire ; une transition rapide aux classes ordinaires, assortie d'un appui soutenu à l'acquisition de la deuxième langue, serait plus efficace. Les établissements scolaires peuvent aussi combiner heures de cours séparées et heures de cours ordinaires pour que les enfants réfugiés soient aussi en contact avec des enfants dont la première langue est la langue nationale. Les enfants réfugiés ont souvent besoin de davantage de temps pour s'adapter au nouveau système éducatif et à leur nouvelle vie, parfois très différents de ce qu'ils ont connu auparavant (Crul et al., 2017[18]). Il se peut en outre qu'ils aient été déscolarisés pendant plusieurs années dans les différents pays de transit, ce qui nécessite plus de temps et de souplesse dans le nouveau système.

Si les systèmes d'enseignement peuvent et doivent jouer un rôle pour favoriser le bien-être des élèves réfugiés, ce rôle doit s'inscrire dans le cadre d'une action globale et coordonnée englobant les systèmes d'éducation, de santé et de protection sociale et faisant éventuellement intervenir des partenariats entre établissements scolaires, hôpitaux, universités et organismes de proximité (OCDE, 2018[17]).

Quels sont les problèmes liés au logement des réfugiés et des autres immigrés vulnérables ?

Les arrivées en nombres élevés et très fluctuants d'immigrés en quête de protection exigent une réponse rapide aux besoins en matière de logement d'urgence. La fourniture d'hébergements adéquats aux demandeurs d'asile et aux réfugiés – souvent en très peu de temps et, dans certains pays, pour de très nombreuses personnes – a été un défi coûteux pour de nombreux États. Les autorités sont en outre tenues de prévoir différentes catégories d'hébergement car les besoins en logement des demandeurs d'asile et des réfugiés évoluent au fil du temps. Elles doivent mettre rapidement en place des centres d'accueil, mais ceux-ci risquent de ne pas convenir à une installation et les besoins peuvent évoluer, notamment en cas de regroupement familial. Dans le même temps, les catégories vulnérables, comme les mineurs non accompagnés et les victimes de violences sexuelles, ont à cet égard des besoins spéciaux qui doivent être pris en considération. Par ailleurs, les modalités d'attribution des allocations de logement et/ou d'accès aux logements locatifs sociaux diffèrent selon les pays.

La première étape est l'accueil d'urgence. Outre la construction d'abris temporaires - sous forme de conteneurs ou de tentes par exemple –, des bâtiments vacants, des installations militaires et des salles de sports ont été réaménagés pour répondre aux besoins immenses et souvent soudains en matière d'espaces d'accueil. Dans certains pays de l'OCDE comme l'Allemagne, l'Autriche et la France, des hôtels privés ou des camps de jour sont aussi réquisitionnés en cas d'afflux massif. La plupart du temps, toutefois, les demandeurs d'asile sont logés dans des hébergements collectifs (REM, 2014[30]). Par ailleurs, la plupart des pays de l'OCDE ont sous-traité la construction ou la gestion des centres d'accueil à des ONG et à des entreprises privées. Dans la majorité des pays de l'UE, l'administration centrale finance ces centres.

La promiscuité, le manque d'intimité, et d'autres conditions insatisfaisantes, en termes d'installations sanitaires par exemple, sont des problèmes récurrents, surtout dans les pays qui ont accueilli des nombres considérables d'immigrés comme la Grèce.

Les autorités ont mis en place diverses stratégies pour améliorer l'état de préparation et favoriser la construction de centres d'accueil ou la reconversion de bâtiments inutilisés. Avant 2014, la majorité des pays de l'UE disposaient de plans d'urgence pour faire face à l'afflux d'immigrés en quête de protection. Depuis, la mise en place de mécanismes d'alerte avancée se généralise afin d'assurer un suivi des capacités des centres d'accueil et d'établir des projections pour anticiper les arrivées futures et de mieux s'y préparer (REM, 2014[30]).

Une répartition plus équitable des demandeurs d'asile au niveau national offre aussi un moyen d'atténuer les pressions sur certaines régions. En Finlande, au Portugal, en Suisse, au Royaume-Uni et en Italie, par exemple, la dispersion des demandeurs d'asile dans le pays s'effectue en fonction des places disponibles dans les centres d'accueil (OCDE, 2016[31]). Néanmoins, cela suppose à l'évidence que ces centres aient encore la capacité nécessaire ou que des solutions innovantes en matière de logement soient apportées par les acteurs locaux (Galera et al., 2018[32]).

Pour construire rapidement des centres d'accueil ou reconvertir des bâtiments existants, plusieurs pays – dont l'Allemagne, la Suède et certains États autrichiens – ont assoupli les règles du code de la construction, en matière d'efficience énergétique par exemple. D'autres, comme la Suède, ont durci les critères d'admissibilité dans les centres d'accueil afin d'y libérer des places, en refusant les demandeurs d'asile dont la demande a été rejetée et faisant l'objet d'un arrêté d'expulsion par exemple.

Si le seul moyen de remédier au surpeuplement des centres d'accueil consiste à augmenter le nombre global de places disponibles, il est possible d'améliorer la qualité de ces structures moyennant des directives relatives à leur gestion et à leur conception. Le ministère allemand de la Famille a ainsi défini, en collaboration avec l'UNICEF, des normes de sécurité minimales pour les enfants, les jeunes et les femmes vivant dans des centres d'accueil et en hébergement collectif. Celles-ci prévoient également des mesures en matière de construction afin d'assurer une plus grande intimité, des espaces pour les enfants, et des dortoirs séparés pour hommes et femmes.

Il importe que les réfugiés quittent les centres d'accueil initiaux dans les plus brefs délais. L'allongement du processus d'installation peut freiner leur intégration, surtout lorsqu'ils restent longtemps dans le centre d'accueil et n'ont pas ou guère accès à des activités d'insertion ou à des emplois (Hainmueller, Hangartner et Lawrence, 2016[33]).

Or, le transfert rapide des réfugiés statutaires des centres d'accueil vers un logement plus permanent pose des problèmes à de nombreux pays. Aux Pays-Bas, par exemple, au début de 2016, quelque 16 000 bénéficiaires d'une protection vivaient encore dans les centres d'accueil pour demandeurs d'asile parce que la municipalité à laquelle ils étaient assignés n'était pas en mesure de leur proposer un logement. Dans 9 des 24 États membres de l'UE, dont l'Autriche, la Belgique et le Luxembourg, les demandeurs d'asile qui ont reçu le statut de réfugié peuvent séjourner plus longtemps dans les centres d'accueil s'ils n'ont pas d'autres possibilité de logement (EMN, 2015[34]).

Les États ont récemment mis en œuvre des mesures pour accélérer le transfert des réfugiés des centres d'accueil vers les logements municipaux. Les autorités néerlandaises, par exemple, exigent des municipalités qui ne disposent pas d'un nombre suffisant de logements sociaux qu'elles reconvertissent ou louent temporairement des bâtiments. L'administration centrale leur octroie pendant deux ans des crédits supplémentaires afin de leur donner le temps de trouver des logements tout en désengorgeant les centres d'accueil et en accélérant l'application des mesures d'intégration. En 2016, la Suède a imposé aux municipalités d'accepter tous les réfugiés qui n'ont pas trouvé de logement par eux-mêmes et qui leur sont adressés par un mécanisme central du service public de l'emploi. Auparavant, les municipalités avaient une grande latitude pour décider si elles souhaitaient accueillir des réfugiés.

Les réfugiés sont confrontés aux mêmes difficultés structurelles que les autres citoyens pour trouver un logement abordable. Dans les pays où l'offre de logement est limitée, les arrivées nouvelles créent des pressions à l'appui d'une augmentation du parc global de logement. Par ailleurs, les réfugiés font parfois l'objet de discrimination en matière de logement, et de doutes quant à leur capacité à payer le loyer.

Les mesures d'ordre général visant à faciliter l'accès au logement des ménages à faible revenu bénéficient aussi aux réfugiés et aux autres immigrés vulnérables. Elles comprennent les aides publiques aux demandeurs, comme les allocations logement sur critères de ressources, mais ces transferts ne suffisent pas toujours à rendre le logement abordable. Des allocations logement étaient accordées aux réfugiés dans 15 des 24 États membres de l'UE examinés en 2014, mais leurs montants variaient selon les pays et, souvent, ne couvraient effectivement pas le montant du loyer (EMN, 2015[34]). Les incitations publiques peuvent aussi être axées sur l'offre, comme les incitations fiscales ou les subventions aux promoteurs immobiliers. Comme il existe peu de programmes de construction de logements locatifs sociaux d'envergure, le secteur privé joue un rôle crucial dans l'accroissement de l'offre de logements abordables (Salvi del Pero et al., 2016[35]). À cet égard, les partenariats public-privé pourraient offrir un moyen d'augmenter l'offre de logements sociaux. La définition d'incitations adaptées aux promoteurs privés demeure toutefois problématique. Par ailleurs, il est parfois difficile de garantir que ces projets resteront économiquement viables à longue échéance tout en continuant de satisfaire aux besoins sociaux et économiques des locataires à faible revenu, surtout après que les financements publics ont pris fin (Bratt, 2016[36]).

L'installation des demandeurs d'asile et des réfugiés contraint les autorités à harmoniser des objectifs souvent difficiles à concilier : transférer rapidement les immigrés des centres d'accueil vers des logements plus permanents ; fournir des logements à coût relativement modéré ; répartir les demandeurs d'asile et les réfugiés dans les régions offrant des débouchés professionnels tout en évitant la ségrégation spatiale dans des quartiers défavorisés. Cela se vérifie même quand l'hébergement n'est pas financé par l'État. La répartition des réfugiés est entravée par la médiocrité du marché de l'emploi dans les régions où le logement est moins onéreux (OCDE, 2016[37]). Les logements locatifs sociaux ont souvent été construits à la périphérie des villes, ce qui tient en partie à la nécessité de trouver des terrains peu coûteux (Scanlon, Fernández Arrigoitia et Whitehead, 2015[38]). De surcroît, dans un certain nombre de pays, les pénuries de logements sont particulièrement marquées dans les zones urbaines, alors que les demandeurs d'asile et les réfugiés sont attirés vers les villes où ils peuvent trouver de meilleures possibilités d'emploi et réseaux. Les disparités entre milieux urbains et non urbains sont fortement corrélées à la présence d'immigrés et aux résultats en matière d'intégration.

Quels sont les enjeux associés à la santé des réfugiés et autres immigrés vulnérables ?

Les flux migratoires massifs et imprévus mettent à rude épreuve les systèmes de santé des pays d'accueil de l'OCDE, qui doivent répondre de manière satisfaisante aux besoins des immigrés à cet égard. Ces systèmes doivent faire preuve de résilience pour s'adapter à une augmentation du nombre de patients réfugiés qui présentent souvent des besoins de santé multiples et complexes (OCDE, 2018[39]).

À court terme, des dispositions doivent être prises pour donner aux demandeurs d'asile et aux réfugiés accès aux services de santé de base. Dans leur pays d'origine ou durant leur périple, la plupart ont été confrontés à des risques sanitaires - maladies contagieuses, hygiène précaire, et manque d'accès à des aliments sains ou à une eau salubre - dont chacun peut avoir des effets défavorables sur la santé.

La plupart des demandeurs d'asile et des réfugiés ont aussi souffert de stress mental ou de de graves problèmes psychologiques qui peuvent nécessiter une sérieuse prise en charge psychosociale : pertes de parents ou d'amis durant le voyage, traite, violences ou agressions sexuelles, ou handicaps liés à des blessures de guerre. En Allemagne, par exemple, la moitié au moins des réfugiés souffre d'une maladie mentale (Bundes Psychoterapeuten Kammer (BPtK, chambre fédérale des psychothérapeutes), 2015[40]). Un taux élevé de troubles anxieux a également été signalé parmi ceux qui ont été examinés dans les îles grecques à la fin de 2016 et au début de 2017 (Médecins Sans Frontières, 2017[41]). L'Organisation mondiale de la santé (OMS) estime que les taux de dépression, d'anxiété et de mal-être sont au moins trois fois plus élevés parmi les réfugiés que dans l'ensemble de la population, et augmentent avec le temps (OMS/Europe, 2016[42]). Pour assurer la réussite du traitement des problèmes de santé mentale des réfugiés, une approche pluridisciplinaire s'impose : elle doit tenir compte des spécificités culturelles ou être adaptée à des groupes particuliers, faire appel à des paraprofessionnels qualifiés, et être adéquate sur le plan linguistique (Commission de la santé mentale du Canada, 2016[43]).

Compte tenu de leur vulnérabilité et de leur droit à la santé (Encadré 2.2), les réfugiés doivent bénéficier d'une aide. Néanmoins, comme bon nombre d'entre eux (de même que les demandeurs d'asile récemment arrivés) sont concentrés dans certaines zones et sont souvent très mobiles, les interventions des services de santé doivent être adaptées.

Les candidats à une protection internationale sont soumis à un dépistage de santé dans la plupart des pays de l'OCDE. Dans certains pays, le dépistage sert à repérer les personnes vulnérables, les enfants et les femmes enceintes faisant l'objet d'une attention particulière. Dans d'autres, il est essentiellement effectué à des fins de santé publique. Les réfugiés réinstallés sont également soumis à un examen médical pour déterminer leur admissibilité et leurs besoins à l'arrivée dans le pays.

À moyen terme, l'enjeu consiste à assurer aux demandeurs d'asile et aux réfugiés un accès aux services de santé. Les systèmes de santé doivent lever les obstacles pratiques à leur prise en charge. Figurent parmi ces derniers des droits limités, le déficit d'information, les barrières administratives (délais ou formalités pour obtenir un numéro d'inscription ou une exonération de droits par exemple), le coût des traitements et/ou des médicaments, la disponibilité limitée du personnel soignant compétent, et les décalages culturels et linguistiques. La communication d'informations pertinentes quant aux règles d'accès aux soins et aux services disponibles permettra aux réfugiés, aux demandeurs d'asile et aux autres immigrés vulnérables d'accéder aux services et de les utiliser de manière appropriée et plus opportune.

Les demandeurs d'asile et les réfugiés doivent apprendre à qui s'adresser et où aller en fonction de leurs besoins. Ils doivent s'adapter à l'environnement culturel de leur pays d'accueil et comprendre la répartition des responsabilités entre les différentes catégories de médecins et les différents services.

Les services de proximité peuvent apporter une assistance sous forme d'information, d'aide, d'orientation, et de sensibilisation. Ils sont généralement accessibles (tant sur le plan financier que géographique), et sont en mesure de détecter les besoins de santé des nouveaux venus et de les orienter vers les services compétents. Les travailleurs sociaux qui y travaillent ont souvent une connaissance approfondie des antécédents de la population dont ils s'occupent, et lui inspirent souvent davantage confiance que les services de santé généraux.

Pour les demandeurs d'asile et les réfugiés, la langue peut constituer un obstacle majeur aux soins : les réfugiés aux besoins de santé complexes risquent de ne pas recevoir suffisamment d'informations et de moins participer aux décisions, ce qui peut se traduire par un respect moins rigoureux du traitement et instaurer une méfiance entre médecins et patients.

Il est possible de surmonter les barrières linguistiques moyennant le recours à des agences d'interprétation locales ou par le recrutement de personnel doté de compétences linguistiques dans plusieurs langues. Plusieurs ONG fournissent des traducteurs ou des médiateurs culturels – souvent réfugiés eux-mêmes – pour aplanir les barrières linguistiques et culturelles et faciliter l'accès aux services de santé. Dans certains pays, des opérateurs publics ou privés fournissent également aux médecins des services de télétraduction et de téléinterprétation, ce qui peut améliorer la communication et la qualité des soins dans le cadre des échanges avec les réfugiés et les autres immigrés vulnérables.

Encadré 2.2. Le droit des migrants à la santé

Le droit des migrants à la santé est généralement garanti par les lois nationales et dans plusieurs documents internationaux portant sur les droits de l'homme. En ce qui concerne les réfugiés, la Convention de 1951 du HCR établit que « Les États Contractants accorderont aux réfugiés résidant régulièrement sur leur territoire le même traitement en matière d'assistance et de secours publics qu'à leurs nationaux ». S'agissant des demandeurs d'asile, la Directive de l'UE relative aux conditions d'accueil établit que « Les États membres font en sorte que les demandeurs reçoivent les soins médicaux nécessaires qui comportent, au minimum, les soins urgents et le traitement essentiel des maladies et des troubles mentaux graves ».

Dans la pratique, l'égalité d'accès aux soins est assurée aux réfugiés dans tous les pays de l'OCDE, mais les droits des demandeurs d'asile varient considérablement d'un pays à l'autre. Un petit nombre de pays seulement garantissent à ces derniers un accès complet aux services de santé ; dans d'autres, ils n'ont accès qu'aux soins d'urgence. De nombreux pays imposent aux demandeurs d'asile de rester dans les centres d'accueil ou les zones réservées pour être admissibles à ces droits.

Le manque de personnel peut aussi compromettre l'accès aux soins, surtout quand les centres d'accueil sont situés dans des régions où les services de santé ne parviennent pas à couvrir les besoins de la population. La disponibilité des services dépendra alors de l'engagement personnel et de la volonté de quelques soignants dévoués.

Par ailleurs, une formation pourra s'imposer afin de donner au personnel de santé les compétences nécessaires pour accueillir ce nouveau public et lui offrir des services. Il convient en outre de remédier au manque de connaissances du personnel de première ligne et des responsables en ce qui concerne les droits, les différences culturelles et les besoins de santé particuliers de ces patients, et de lutter contre l'image négative qu'ont les médias et la population locale des demandeurs d'asile.

À long terme, la réponse consiste à anticiper les chocs futurs et les besoins. Pour assurer la résilience des services de santé, il faut en modifier la prestation et l'organisation de manière à pouvoir prévoir les besoins. Les systèmes de santé doivent réévaluer leur capacité à prendre en charge les besoins des futurs réfugiés et à les traiter avec efficience dans la durée.

Une action coordonnée s'impose pour permettre aux pays de mieux anticiper les chocs futurs et de s'y préparer. Le document « Stratégie et plan d'action sur la santé des réfugiés et des migrants » de 2016, signé par les États membres de l'OMS, a été un premier pas en ce sens (Comité régional de l'OMS pour l'Europe, 2016[44]). Une approche gouvernementale intégrée autorisera la coopération entre les établissements de soins et les organismes humanitaires et régionaux, mais aussi entre les organismes non gouvernementaux, les entreprises privées, les organisations internationales et d'autres pays. Les besoins de santé des immigrés et réfugiés doivent être entièrement intégrés aux structures de santé existantes et aux législations en vigueur.

Une formation adéquate permettrait aux générations futures de professionnels de la santé d'adapter leurs pratiques aux besoins des réfugiés et des autres immigrés vulnérables. Pour ce faire, des cours sur les droits à la santé des immigrés et sur leurs vulnérabilités spécifiques ainsi que des formations interculturelles pourraient être intégrées aux programmes d'études de médecine et de soins infirmiers. Ces cours sont déjà proposés dans plusieurs universités des pays de l'OCDE, mais sont rarement obligatoires.

Des mesures visant à faciliter et accélérer la reconnaissance des diplômes étrangers des professionnels de santé réfugiés permettraient à ces derniers d'apporter une contribution à la société de leur pays d'accueil. De nombreux réfugiés sont hautement qualifiés ; certains sont médecins, infirmiers ou pharmaciens. Moyennant une accréditation et une formation appropriées, ils pourraient contribuer à la prestation de soins à la population d'accueil et aux réfugiés. Les réfugiés sont bien représentés dans le secteur de la santé des différents pays de l'OCDE, mais pas toujours au niveau de qualification qui leur correspond. En 2014, 15 % des réfugiés âgés de 15 à 64 ans étaient employés dans le secteur de la santé et de l'action sociale, contre 10 % de la population née dans l'Union européenne (UE/OCDE, 2016[1]).

Dans tous les pays de l'OCDE, de nombreuses professions de santé sont réglementées, et la reconnaissance des qualifications professionnelles étrangères est obligatoire afin de garantir le respect des normes de qualité. La délivrance d'une immatriculation, d'un certificat ou d'un permis par un organisme d'agrément professionnel est la condition préalable à l'exercice de ces professions. Ces réglementations ont pour finalité de protéger la santé et la sécurité des populations en veillant à ce que les professionnels satisfont aux critères de pratique et de compétence requis. Bien que les procédures de reconnaissance des diplômes soient généralement longues et coûteuses, certains pays les ont accélérées pour faciliter l'entrée des immigrés qualifiés dans le secteur de la santé (OCDE, 2017[45]).

Dans la plupart des cas, les systèmes de santé ont convenablement réagi à l'afflux récent de réfugiés, et aucun problème de santé publique grave n'a été observé. Des améliorations s'imposent toutefois dans de nombreux domaines.

Le premier est celui des interventions à court terme et de la capacité des systèmes de santé à fournir des services à des populations mobiles. Aucune assistance mobile n'était disponible hormis celle des ONG qui, pour la première fois, ont dû élaborer des plans d'action pour l'Europe. L'absence de coordination entre les intervenants à différents stades de la procédure d'asile a parfois eu pour conséquence une prestation inefficiente des services. Le système de triage en fonction des besoins de santé n'a fonctionné que pour les cas les plus graves et de nombreuses personnes, notamment celles souffrant de problèmes mentaux, n'ont pu être repérées.

Le deuxième domaine à améliorer concerne l'accès aux soins durant la procédure d'asile et celui des réfugiés statutaires. Bien que cet accès leur soit théoriquement accordé dans la plupart des pays, plusieurs barrières administratives, financières et linguistiques persistent.

À long terme, une meilleure intégration des services de l'immigration et de la santé et une formation appropriée des professionnels de santé s'imposent pour que l'engorgement que les systèmes de santé de certains pays de l'OCDE ont connu ne se reproduise plus. Là encore, on pourrait faire meilleur usage des compétences des réfugiés dotés d'une expérience dans le secteur de la santé.

À quels problèmes les mineurs non accompagnés sont-ils confrontés ?

Un groupe confronté à une incontestable situation de vulnérabilité est celui des mineurs non accompagnés, des enfants qui émigrent et se retrouvent dans le pays d'accueil sans parents, ni référents légaux. L'accroissement de leur nombre ces dernières années pose un problème majeur aux pouvoirs publics. Entre 2014 et 2016, les pays européens de l'OCDE ont reçu plus de 180 000 demandes d'asile de mineurs non accompagnés, et les États-Unis ont signalé en avoir arrêté près de 170 000 à la frontière. En 2015-16, l'UNICEF en a enregistré au moins 300 000 dans 80 pays environ, près de cinq fois plus qu'en 2010-11 (66 000) (UNICEF, 2017[46]). Il s'agit dans leur immense majorité de garçons âgés de 16 à 17 ans, avec un très faible niveau d'instruction.

Les jeunes mineurs non accompagnés comptent souvent parmi les plus déterminés à se construire une vie nouvelle dans le pays d'accueil. Or, ils se trouvent confrontés à d'énormes difficultés pour s'adapter à cette vie nouvelle et ont souvent besoin d'une aide substantielle et urgente pour s'orienter de manière utile et durable dans le système scolaire et sur le marché du travail.

Tous les jeunes immigrés se heurtent à des difficultés lorsqu'ils arrivent dans leur pays d'accueil : apprendre la langue et s'intégrer au système scolaire ; rattraper le retard par rapport à leurs pairs nés dans le pays ; remplir les conditions requises pour poursuivre leurs études. Les jeunes mineurs non accompagnés, qui n'ont ni parents ni tuteurs pour leur apporter un soutien émotionnel, financier, logistique, social ou psychosocial, sont confrontés à des problèmes supplémentaires.

Ils sont en outre plus susceptibles que les autres jeunes immigrés de souffrir de problèmes de santé physique et mentale spéciaux. Ces enfants ont souvent voyagé pendant des mois ou des années dans des conditions insalubres, dangereuses et éprouvantes. Ils sont plus exposés à différents risques comme les difficultés psychosociales, les troubles du comportement, des modèles de comportement négatifs et la toxicomanie. Tout cela compromet leurs perspectives d'intégration et risque d'accroître la délinquance.

Comme signalé, les mineurs non accompagnés – à l'instar des autres jeunes immigrés – éprouvent souvent des difficultés à s'intégrer au milieu scolaire, surtout quand le système d'éducation de leur pays d'origine diffère de celui du pays d'accueil. De fait, les études montrent que s'il faut aux enfants deux ans environ pour acquérir la langue de communication, pas moins de sept leur sont nécessaires pour maîtriser la langue de culture utilisée dans le milieu scolaire (OCDE/UE, 2015[13]). Les mineurs non accompagnés n'ont pas le temps d'effectuer ce rattrapage ; la plupart arrivent dans le pays d'accueil à un âge où leurs pairs sont sur le point d'achever le cycle d'enseignement obligatoire ou l'ont terminé. Ils ont peu de temps pour apprendre la langue et absorber le nouveau contenu avant de passer les examens qui déterminent l'admissibilité à la poursuite des études (cela s'applique aussi aux enfants réfugiés âgés de plus de 15 ans).

Un autre problème tient à ce que l'intensité de la recherche d'emploi est élevée chez les mineurs non accompagnés. Nombreux sont ceux qui veulent travailler – et commencer à gagner de l'argent – peu après leur arrivée, dans l'espoir d'envoyer des fonds à leur famille, qui a parfois consacré tous ses moyens au financement de leur voyage. Si cette motivation est de bon augure, elle risque de les empêcher d'investir à plus long terme dans leur intégration en poursuivant des études et les cantonne à des emplois peu qualifiés et instables.

Il importe pour leur avenir que ces mineurs bénéficient d'un accompagnement dès les premières phases et pendant tout le processus de demande d'asile et d'intégration. La désignation en temps opportun d'un tuteur peut non seulement réduire le nombre d'enfants qui disparaissent des centres d'accueil – volontairement ou pas – peu après leur arrivée, mais aussi les aider à se stabiliser psychologiquement, instaurer la confiance, et les protéger. Il n'existe pas de définition de référence des fonctions et responsabilités du tuteur dans les différents pays de l'OCDE ; de fait, sa mission, ses attributions et ses qualifications varient considérablement. Néanmoins, divers facteurs sont apparus comme essentiels à un système de tutelle performant :

Malgré le rôle central du tuteur, les enfants doivent être informés des procédures et des choix possibles à chaque étape de manière à pouvoir influer sur leur trajectoire d'intégration.

La période d'accueil initiale est déterminante. Bien qu'il n'existe pas de modèle universel, et que les besoins individuels doivent être pris en compte, trois points essentiels se dégagent :

Premièrement, la rétention des mineurs doit être évitée car elle a des effets graves et pernicieux à long terme sur leur bien-être psychologique et physique et sur leur développement. Il existe d'autres solutions, notamment l'assignation à résidence, les centres ouverts, le pointage régulier, la surveillance électronique et le retrait du passeport.

Deuxièmement, il faut raccourcir les délais de traitement pour minimiser le temps passé dans les centres d'accueil temporaires, entamer rapidement le processus d'intégration et libérer des places. Dans certains pays, la demande de places dans les centres d'hébergement demeure élevée : en novembre 2017, par exemple, le nombre de mineurs non accompagnés en attente d'une place en Grèce était deux fois plus élevé que le nombre de places disponibles.

Troisièmement, divers dispositifs de prise en charge doivent être proposés, sur la base d'une évaluation des besoins et de la situation de ces enfants : hébergement en autonomie supervisée, logement en petits groupes, et placement en famille d'accueil. Il convient d'allouer les ressources en fonction des besoins : certains enfants n'ont besoin que d'un petit nombre de services, ou seulement pendant une période limitée. Une harmonisation des critères de vulnérabilité s'impose – au plan national, voire régional – afin de cibler l'assistance.

L'intégration dans le système scolaire des jeunes immigrés – en particulier ceux qui sont arrivés tard – est un défi qui appelle un soutien ciblé (Encadré 2.3). Les pays de l'OCDE ont eu recours à diverses méthodes pour faciliter la transition du statut de migrant à celui d'élève de ceux qui arrivent à un âge proche de celui de la fin du cycle de scolarité obligatoire. On citera notamment les classes d'orientation, la répartition dans les classes en fonction des évaluations des compétences et des connaissances, et le recul de l'âge de fin de scolarité obligatoire. Comme les mineurs non accompagnés arrivent de manière imprévisible tout au long de l'année scolaire, il est parfois difficile de trouver des programmes d'enseignement et de formation susceptibles de les accueillir immédiatement s'ils ne sont pas là en début de trimestre. Une solution à ce problème pourrait être la création de programmes passerelles pour les préparer à suivre une formation professionnelle au début du trimestre suivant.

Encadré 2.3. La scolarisation des mineurs non accompagnés

Pour les systèmes d'éducation des pays d'accueil, l'enjeu fondamental consiste à scolariser le plus rapidement possible les mineurs non accompagnés. Bon nombre de ces enfants sont déscolarisés depuis longtemps, et tout autre retard doit être évité. Bien que les États membres de l'Union européenne soient tenus d'assurer l'accès des enfants demandeurs d'asile à l'éducation dans les trois mois suivant leur arrivée, les retards sont monnaie courante, pour deux raisons. D'abord, il est rare qu'un enseignement institutionnalisé soit dispensé pendant les longs séjours dans les centres d'accueil (EU-FRA, 2016[47]). Ensuite, après transfert dans un centre d'hébergement, le manque de places et la longueur des procédures risquent de retarder la scolarisation de plusieurs mois. Par ailleurs, dans certains pays, des restrictions liées à l'âge peuvent compliquer la scolarisation, voire la rendre impossible.

Les mineurs non accompagnés ont aussi besoin d'un complément d'assistance pour assurer leur bonne intégration au système scolaire (OCDE, 2018[17]). Bon nombre d'entre eux sont en outre plus âgés et ne peuvent être intégrés aussi facilement que les jeunes enfants au système d'enseignement. Dans certains cas, ils sont plutôt orientés sur une filière de formation professionnelle, s'ils y sont admissibles. Cette admissibilité dépend parfois de la délivrance d'un permis de travail au mineur demandeur d'asile à l'issue d'une période de transition.

Source : OCDE (2018[17]), *La résilience des élèves issus de l'immigration : Les facteurs qui déterminent le bien-être (Version abrégée),* https://dx.doi.org/10.1787/9789264085336-fr.

L'intégration des mineurs non accompagnés, une fois qu'ils ont quitté le système scolaire, peut s'avérer encore plus délicate. Une orientation professionnelle sur mesure devrait aider les jeunes immigrés à comprendre les conséquences de leurs choix éducatifs initiaux. Quelques pays de l'OCDE ont par ailleurs mis sur pied des programmes - comme le Contrat éducation en Suède – qui facilitent la formation continue en parallèle à un emploi, ce qui permet aux mineurs non accompagnés de gagner de l'argent et de l'envoyer à leur famille tout en poursuivant leurs études (OCDE, 2016[48]).

Le passage à l'âge adulte est une question sensible dans le traitement de ces mineurs dans les pays de l'OCDE. Bon nombre d'entre eux atteignent l'âge adulte alors que leur demande est en attente d'une réponse ; c'est alors que de nombreux pays de l'OCDE réduisent ou retirent la protection additionnelle dont ils bénéficient en tant qu'enfants. Ce changement brutal est particulièrement problématique si les enfants n'y sont pas préparés et sont pris de court ; dans ces pays, ils doivent être préalablement préparés à ce changement, et être informés des différentes stratégies envisageables (REM, 2018[49]).

Une interruption brutale de l'aide à l'âge de 18 ans peut compromettre les efforts d'intégration antérieurs ; en effet, des données provenant de Suède montrent que le risque d'abandon de la scolarité ou de la formation est alors particulièrement élevé. Un modèle plus efficace permet aux jeunes adultes d'évoluer progressivement d'un système de protection à un autre, et de continuer à bénéficier d'une assistance lorsque des besoins individuels persistent. Plusieurs pays de l'OCDE assurent un tel accompagnement, notamment l'Allemagne, la Suède et la France. Dans ces pays, il est possible de demander une prolongation de l'aide apportée aux mineurs pour une durée limitée – allant généralement jusqu'à trois ans, ou jusqu'à l'âge de 21 ans.

À quels problèmes particuliers les femmes réfugiées sont-elles confrontées ?

Les femmes réfugiées forment une catégorie nombreuse et croissante. Selon les données d'Eurostat, un demi-million de femmes environ ont obtenu une protection internationale en Europe depuis 2015, dont 300 000 en Allemagne. En Europe, en 2014, 800 000 femmes représentaient 45 % des personnes déclarant être arrivées pour des raisons de protection internationale. Si les premières vagues des demandeurs d'asile arrivés en Europe au cours de la crise humanitaire de 2015-16 étaient essentiellement constituées d'hommes, le pourcentage de femmes a progressé au fil du temps. Dans l'ensemble, les femmes ont plus de chances que les hommes d'obtenir une protection lorsqu'elles demandent l'asile ; leur proportion parmi les personnes qui ont obtenu le statut de bénéficiaire d'une protection internationale est passée de 29 % en 2015 à 38 % en 2017. Le regroupement familial devrait amener une nouvelle augmentation du nombre de femmes réfugiées car la majorité des conjoints concernés sont des femmes.

Les femmes réfugiées sont particulièrement vulnérables. Des travaux antérieurs de l'OCDE (OCDE, 2006[50]) ont montré que les immigrées souffrent d'un « double handicap » - autrement dit, elles enregistrent de moins bons résultats que les hommes immigrés, et que les femmes nées dans le pays. Par ailleurs, dans plus de deux tiers des pays de l'OCDE et de l'UE, le décalage entre la situation des femmes immigrées au regard de l'emploi et celle des femmes nées dans le pays est plus important que celui entre les hommes immigrés et les hommes nés dans le pays. Les immigrés ont généralement été élevés et éduqués dans un environnement très différent et (souvent) dans une autre langue. Les réfugiés font face à des problèmes additionnels, liés à la nature de leur migration forcée : problèmes de santé, liens antérieurs ténus avec le pays d'accueil et, souvent, absence de documents attestant leur formation ou leur expérience professionnelle (OCDE, 2016[31]). Les femmes réfugiées se trouvent donc a priori particulièrement pénalisées puisqu'elles doivent affronter les obstacles auxquels sont confrontés à la fois les immigrés, les réfugiés et les femmes. Cela amène à se demander s'il existe un « triple handicap », à savoir si les problèmes liés au sexe, au statut d'immigré et à la migration forcée s'ajoutent, voire se renforcent les uns les autres.

Un rapport de l'OCDE (Liebig et Tronstad, 2018[51]) brosse un panorama de la situation des femmes réfugiées dans une sélection de pays de l'UE et de l'OCDE et, à partir de données provenant de certains pays de l'OCDE ayant accueilli de nombreux réfugiés, analyse certains des principaux problèmes auxquelles elles sont confrontées en termes d'intégration.

Des travaux récents de l'OCDE (OCDE, 2017[52]) ont montré que l'intégration des femmes immigrées est déterminante pour celle de leurs enfants, dans une plus grande mesure que ce qui est observé pour les mères et les enfants nés dans le pays. La situation des mères immigrées au regard de l'emploi, en particulier, a des effets très favorables sur les perspectives professionnelles de leurs enfants, notamment des filles. Compte tenu des retombées très positives liées à l'acquisition de la langue par les femmes réfugiées et à leur éducation, il y a tout intérêt à investir dans leur intégration.

Le rapport constate que, parmi les réfugiés, les femmes ont besoin de plus de temps que les hommes pour s'établir sur le marché du travail. Alors que les taux d'emploi des hommes progressent relativement rapidement pendant les cinq à neuf années suivant leur arrivée avant de se stabiliser, la trajectoire d'intégration des femmes se caractérise par des hausses modérées, mais régulières, pendant dix à quinze ans au moins. Les femmes réfugiées ont aussi un niveau de compétence dans la langue du pays d'accueil inférieur à celui des hommes au cours des deux à trois années suivant leur arrivée. Si cet écart se referme progressivement avec le temps, leur maîtrise de la langue demeure moindre.

Les femmes réfugiées qui ont une connaissance intermédiaire ou avancée de la langue du pays d'accueil ont des taux d'emploi supérieurs de 40 points de pourcentage à celles qui n'ont pas, ou peu, de compétences linguistiques. Lorsque l'on prend les caractéristiques sociodémographiques en considération, l'écart se réduit de moitié, mais demeure nettement supérieur à celui des autres femmes immigrées.

Le taux d'emploi des femmes réfugiées, lorsqu'elles sont plus qualifiées, augmente plus rapidement que celui des hommes réfugiés et des autres femmes immigrées. Cela dit, 40 % des diplômées de l'enseignement supérieur qui ont trouvé un emploi sont surqualifiées– deux fois plus que leurs pairs nées dans le pays.

Les femmes réfugiées qui travaillent occupent souvent un emploi à temps partiel. C'est le cas de quatre femmes réfugiées salariées sur dix dans les pays européens de l'OCDE –près de deux fois plus que les femmes nées dans le pays, et six points de plus que les autres femmes immigrées.

La probabilité de tomber enceinte des femmes réfugiées augmente au cours de l'année qui suit leur arrivée dans le pays d'accueil, car l'incertitude et l'insécurité vécues avant et durant leur fuite font qu'elles sont moins enclines à avoir des enfants durant cette période. L'attente éventuelle d'un regroupement familial alimente parfois un désir d'enfant irréalisé. Le pic de fécondité observé peu après leur arrivée freine l'intégration de certaines femmes réfugiées.

Ces constats permettent de formuler plusieurs recommandations. Il existe une forte corrélation entre l'emploi des réfugiés et leur réseau social, notamment les contacts avec les personnes nées dans le pays, mais les femmes ont beaucoup moins de réseaux que les hommes. Des programmes de mentorat peuvent les aider à se constituer ce type de réseaux.

Les femmes réfugiées sont moins souvent bénéficiaires de programmes d'aide à l'intégration que les hommes, que ce soit en termes d'heures de formation linguistique que de mesures actives d'aide à l'emploi. Des données suédoises indiquent qu'un recentrage des activités d'insertion sur les femmes réfugiées a des retombées positives sur l'emploi.

Les périodes d'attente à l'étranger pourraient être mises à profit pour préparer le départ (enseignement de la langue par exemple), mais c'est rarement le cas. D'autres mesures d'intégration des migrants familiaux sont directement applicables aux femmes réfugiées (Encadré 2.4).

Des modalités plus souples s'imposent en ce qui concerne le calendrier et l'organisation des activités d'insertion ; ces modalités doivent tenir compte des besoins spécifiques des mères de jeunes enfants, faute de quoi l'aide sera apportée au moment où elle risque d'influer le moins sur leur avenir. Une organisation flexible des cours de langue destinés aux mères semble aussi avoir de bons résultats sur ce plan.

> ### Encadré 2.4. Intégration des femmes réfugiées arrivées dans le cadre de la migration familiale
>
> La majorité des femmes réfugiées sont arrivées dans le cadre des migrations familiales – elles accompagnaient leur mari réfugié ou l'ont rejoint ultérieurement. Cela signifie que les problèmes et les mesures liés à leur intégration sont similaires à ceux des migrants familiaux. L'OCDE a récemment publié un résumé des bonnes pratiques concernant l'intégration des immigrés familiaux (OCDE, 2017[53]), illustrées au Graphique 2.6.
>
> #### Graphique 2.6. Pratiques de référence pour favoriser l'intégration des immigrés familiaux : les leçons tirées des examens de l'intégration dans les pays de l'OCDE
>
> 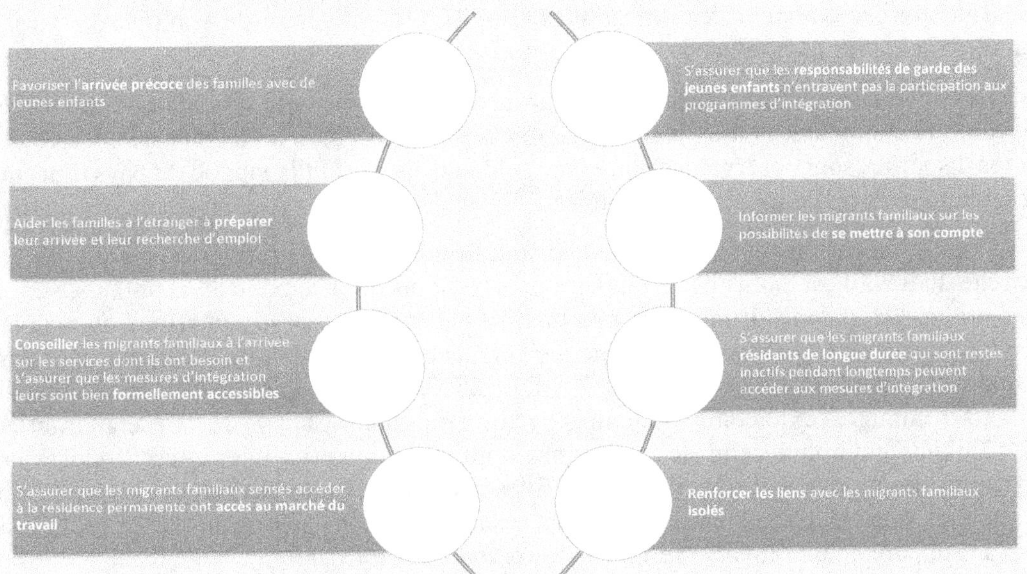
>
>
> *Source* : OCDE (2017[53]), *Making Integration Work: Family Migrants*, https://dx.doi.org/10.1787/9789264279520-en.

Quelle est la situation des réfugiés et autres immigrés vulnérables très peu qualifiés en termes d'intégration ?

Un faible niveau de qualification est l'un des facteurs qui compromet le plus les perspectives d'intégration. Dans de nombreux pays de l'OCDE, les immigrés constituent un pourcentage disproportionné de la population peu éduquée. Cette situation accroît leur vulnérabilité car les immigrés peu qualifiés sont plus susceptibles d'être illettrés que les personnes peu qualifiées nées dans le pays. Les personnes analphabètes dans leur langue maternelle se heurtent à des difficultés particulièrement ardues pour entrer sur le marché du travail. Les programmes d'insertion et d'activation sont généralement peu adaptés aux personnes de faible niveau d'instruction, et surtout aux illettrés. Les analphabètes sont si rares parmi les personnes nées dans la plupart des pays de l'OCDE que les programmes d'activation ne prennent plus cette catégorie en considération.

Il y a en outre moins d'emplois pour les personnes peu qualifiées. En Suède, par exemple, le nombre d'emplois peu qualifiés diminue ; très peu de personnes nées dans le pays occupent ce type d'emploi, et la demande de travailleurs peu qualifiés est faible ; or, le pourcentage de la population née à l'étranger dont le niveau d'instruction le plus élevé est celui du primaire ou du préprimaire est supérieur de près de dix points de pourcentage à celui de la population née dans le pays (OCDE, 2016[48]). Cela accentue la concurrence pour les rares emplois disponibles parmi les peu qualifiés.

Globalement, les résultats des immigrés peu éduqués en matière d'emploi sont supérieurs à ceux des personnes peu instruites nées dans le pays. En Europe, ils sont identiques ; cela tient toutefois essentiellement aux résultats relativement médiocres des secondes. Les réfugiés de faible niveau d'éducation connaissent une situation nettement plus difficile que celle des autres immigrés peu instruits.

Dans l'ensemble, les immigrés sont moins compétents en littératie, en numératie et en résolution de problèmes que les adultes nés dans le pays dans tous les pays participants à l'Évaluation des compétences des adultes (PIAAC), les niveaux de compétence variant toutefois selon les pays (Encadré 2.5).

Les immigrés sont surreprésentés dans le groupe de personnes qui affichent de très faibles niveaux de compétences d'après l'évaluation des composantes de lecture du PIAAC. De fortes disparités sont observables entre eux, selon qu'ils parlent la langue du pays d'accueil et selon le pays où ils ont fini leurs études.

Des données antérieures montrent que la difficulté à intégrer les immigrés peu qualifiés au marché du travail est moins liée à leurs propres résultats qu'à ceux de leurs enfants, surtout en Europe. Les enfants d'immigrés peu qualifiés sont plus exposés au risque de mauvais résultats scolaires et professionnels que les enfants de personnes peu qualifiées nées dans le pays et d'immigrés plus qualifiés (OCDE, 2017[52] ; 2017[54]). Le taux d'emploi des enfants d'immigrés extracommunautaires peu qualifiés dans les pays de l'UE était inférieur de 12 points environ à celui des personnes dont les parents y étaient nés. Il existe une différence importante entre les sexes : les filles nées dans le pays de parents immigrés non originaires de l'UE obtiennent de meilleurs résultats que les garçons de même origine sur le plan scolaire, mais l'inverse se vérifie sur le marché du travail.

Compte tenu du caractère déterminant des compétences linguistiques pour les perspectives d'intégration et d'emploi dans le pays d'accueil, la mise en place de cours de langue efficaces et adaptés revêt une importance critique. Les immigrés peu exposés à la langue du pays d'accueil au quotidien ont aussi en général moins de facilité à l'apprendre. Pour assurer un enseignement efficace de la langue, il faudra donc aider les employeurs à travailler avec des personnes dont les compétences linguistiques demandent à être améliorées et à les soutenir en associant travail et cours de langue en milieu professionnel.

L'amélioration de l'accès aux services d'éducation de la petite enfance, pour les enfants défavorisés rencontrant des obstacles d'ordre linguistique notamment – comme c'est souvent le cas des enfants d'immigrés peu éduqués non originaires de l'UE -, permettrait aux mères d'entrer sur le marché du travail, mais pourrait aussi avoir des retombées très positives sur les enfants eux-mêmes ; la preuve en a été faite dans plusieurs pays de l'OCDE, comme la France (OCDE, 2008[55]). Bon nombre de ces pays ont mis en place des mesures spécifiquement destinées à aider les enfants d'immigrés confrontés à des problèmes linguistiques, mesures qui consistent souvent en un dépistage linguistique systématique dans l'enseignement préscolaire, suivi de cours de rattrapage (OCDE, 2018[17]).

Un moyen d'aider les réfugiés ayant un faible niveau d'éducation consiste à évaluer leurs compétences non certifiées. Les compétences des réfugiés doivent être reconnues dans toute la mesure du possible. La politique d'intégration peut jouer un rôle de premier plan à cet égard, en indiquant clairement aux employeurs potentiels les compétences que possèdent les adultes nés et formés à l'étranger (OCDE, 2017[45]).

Comme les réfugiés et les autres immigrés vulnérables peu qualifiés ont des difficultés à suivre les mesures d'intégration mises en place pour les personnes possédant un niveau d'instruction plus élevé, ils ne sauraient tirer profit des programmes généraux qui ne tiennent pas compte de leur niveau de compétences. Les programmes d'intégration adaptés à ce groupe – et aux analphabètes – sont plus efficaces.

Encadré 2.5. Des compétences en littératie généralement faibles chez les migrants

Un tiers des immigrés atteignent au mieux le niveau 1 de l'échelle de compétences en littératie de l'Évaluation internationale des compétences des adultes, chiffre deux fois supérieur au nombre de personnes nées dans le pays qui enregistrent des résultats égaux ou inférieurs à ce niveau (OCDE, 2018[10]). La proportion d'adultes possédant un niveau intermédiaire (niveau 2) est similaire dans les deux groupes.

Des écarts importants sont également observables entre les immigrés et les personnes nées dans le pays et entre les pays en ce qui concerne le pourcentage de personnes possédant un très faible niveau de littératie. Dans tous les pays à l'exception du Chili, les immigrés sont surreprésentés parmi les personnes qui atteignent au mieux le niveau 1 sur l'échelle des compétences en littératie (Graphique 2.7). À ce niveau, un individu peut lire de courts textes portant sur des sujets bien connus et y repérer des informations spécifiques, mais n'est pas capable d'extraire des informations de textes plus longs et plus complexes. La situation varie considérablement d'un pays à l'autre. Le pourcentage le plus élevé d'immigrés affichant un très faible niveau de compétences en littératie est observé en Turquie (70 %). Dans plusieurs pays européens (Espagne, France, Italie, Slovénie et Suède) ainsi qu'aux États-Unis, 40 % ou plus des personnes nées à l'étranger se situent à ce niveau. C'est en revanche le cas de moins de 20 % des immigrés en Irlande, en Australie, en République tchèque et en Nouvelle-Zélande. Les immigrés sont six fois plus susceptibles que les personnes nées dans le pays de posséder un très faible niveau de compétences en littératie en Suède, quatre fois plus en Finlande et en Norvège, près de trois plus au Danemark, en Allemagne, aux États-Unis, en Belgique (Flandre) et en Autriche, et deux fois plus en France, en Slovénie, au Royaume-Uni (Angleterre et Irlande du Nord), au Canada et en Estonie.

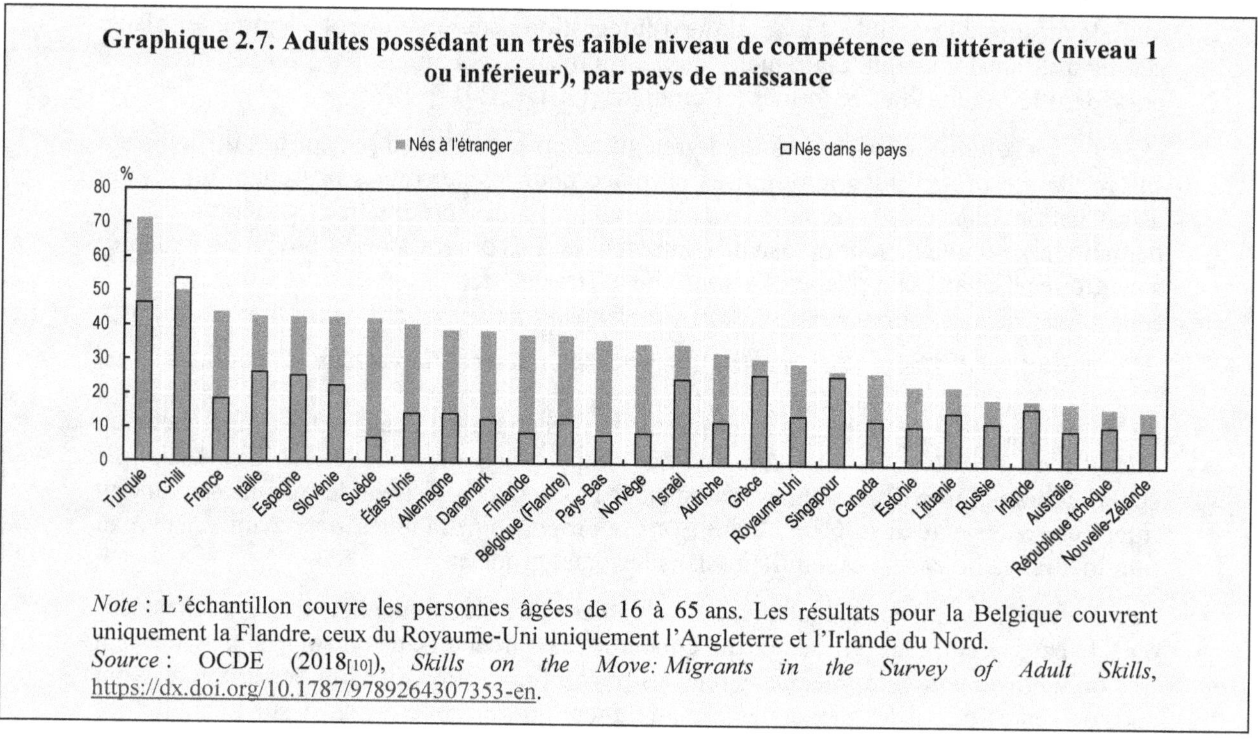

Graphique 2.7. Adultes possédant un très faible niveau de compétence en littératie (niveau 1 ou inférieur), par pays de naissance

Note : L'échantillon couvre les personnes âgées de 16 à 65 ans. Les résultats pour la Belgique couvrent uniquement la Flandre, ceux du Royaume-Uni uniquement l'Angleterre et l'Irlande du Nord.

Source : OCDE (2018[10]), *Skills on the Move: Migrants in the Survey of Adult Skills*, https://dx.doi.org/10.1787/9789264307353-en.

Comment une gouvernance pluriniveaux peut-elle contribuer à la réussite de l'intégration dans les pays d'accueil ?

Lorsque leur intégration est réussie, les réfugiés et autres immigrés vulnérables participent sous de nombreuses formes à la vie de leur communauté locale. La taille et la composition des communautés immigrées varient considérablement selon les régions et les villes. Pour exploiter au mieux les possibilités d'intégration, il faut tenir compte des particularités des populations immigrées, ainsi que des caractéristiques économiques, sociales et géographiques des pays, des régions et des villes d'accueil. Des politiques coordonnées entre les différents niveaux de l'administration publique et les différentes institutions, et intégrant la contribution d'acteurs non étatiques peuvent garantir l'adaptation des mesures d'intégration aux réalités locales.

Se fondant sur les conclusions d'une étude sur l'intégration des immigrés et des réfugiés du point de vue territorial réalisée à partir d'une analyse de 72 villes européennes et de 9 études de cas approfondies (OCDE, 2018[56]), l'OCDE a proposé une liste récapitulative (Tableau 2.1) de l'action publique à l'appui de l'insertion des immigrés à l'échelon local ; destinée aux responsables publics, elle comporte douze objectifs qui s'articulent autour de quatre piliers. Les villes signalent avoir été confrontées à des lacunes de la gouvernance pluriniveaux face à l'afflux récent de demandeurs d'asile et de réfugiés. De nouvelles modalités interinstitutionnelles ont été adoptées pour favoriser l'intégration dans certains pays d'installation.

Tableau 2.1. Liste récapitulative de l'action publique à l'appui de l'intégration des immigrés à l'échelon local

Pilier 1 *Gouvernance pluriniveaux : cadres institutionnels et financiers*	1. Rehausser l'efficacité de la politique d'intégration des immigrés moyennant l'amélioration de la coordination verticale et une application à l'échelle pertinente. 2. Veiller à la cohérence des mesures visant à répondre aux besoins pluridimensionnels des immigrés à l'échelon local et à exploiter les possibilités qui s'offrent à eux. 3. Assurer l'accès à des ressources financières adaptées aux responsabilités locales en matière d'intégration des immigrés et leur utilisation efficace.
Pilier 2 *Temps et espace : les éléments essentiels pour que les immigrés et les communautés d'accueil vivent ensemble*	4. Définir des politiques d'intégration tenant compte de l'aspect temporel pendant toute la durée de vie des immigrés et de l'évolution de leur statut. 5. Créer des espaces où, grâce à des échanges, un rapprochement s'opère entre immigrés et communautés nées dans le pays.
Pilier 3 *Capacité d'élaboration et de mise en œuvre de politiques*	6. Renforcer les capacités et la diversité au sein de la fonction publique, surtout dans les services responsables de l'accueil des immigrés et des nouveaux venus. 7. Renforcer la coopération avec les intervenants non étatiques, notamment dans le cadre de contrats transparents et opérationnels. 8. Intensifier l'évaluation des résultats de l'intégration pour les immigrés et les communautés d'accueil ainsi que leur utilisation aux fins de politiques fondées sur des données d'observation.
Pilier 4 *Politiques sectorielles associées à l'immigration*	9. Mettre les compétences des immigrés en correspondance avec les débouchés économiques et les emplois. 10. Garantir l'accès à des logements adéquats. 11. Adopter des mesures de protection sociale propices à l'intégration des immigrés. 12. Mettre en place des interventions éducatives pour lutter contre la ségrégation et offrir des trajectoires de développement professionnel équitables.

Source : OCDE (2018[56]), *Working Together for Local Integration of Migrants and Refugees*, https://dx.doi.org/10.1787/9789264085350-en.

Le problème le plus fréquemment évoqué par les villes étudiées était l'insuffisance de la coordination avec l'administration centrale en ce qui concerne les politiques d'intégration et leur mise en œuvre. Un transfert des compétences officielles à l'échelon local est intervenu dans de nombreux pays de l'OCDE ces dernières années : les responsabilités en matière d'intégration et d'accueil des réfugiés et autres immigrés vulnérables y ont été décentralisées ou centralisées. Renforcer la coordination pluriniveaux permettrait en outre de veiller à ce que les personnes présentant des besoins spéciaux (femmes en situation de risque, enfants –mineurs non accompagnés notamment – victimes de traumatisme, de traite ou d'agressions sexuelles, personnes handicapées et personnes âgées) reçoivent une assistance appropriée dans les meilleurs délais.

Les instruments de gouvernance pluriniveaux peuvent influencer l'action des responsables publics locaux en matière d'intégration, orienter leurs priorités et renforcer leurs capacités. Il s'agirait par exemple de plateformes de dialogue et d'échange d'informations, d'incitations à la coordination, d'un choix de priorités fondé sur les résultats obtenus, de formulation conjointe de contrats et d'indicateurs sur les résultats de l'intégration et la mise en œuvre des politiques entre différents échelons de l'administration publique, et d'évaluations a posteriori.

Un autre problème mis en avant par les villes est celui de l'absence de coordination intersectorielle entre différents domaines de l'action publique, notamment le logement, l'éducation, l'emploi et la santé. Les projets d'intégration locale sont souvent conçus de manière cloisonnée, surtout dans les grandes villes, ce qui peut conduire à des politiques d'intégration fragmentées et créer des obstacles à leur exécution. La coordination des politiques par le biais d'une stratégie locale d'inclusion, la création de de systèmes d'information communs et l'instauration d'un sentiment de responsabilité partagée entre toutes les administrations qui s'occupent, directement et indirectement, des réfugiés est particulièrement importante pour les immigrés vulnérables qui ont besoin de nombreux services. Plusieurs villes ont entrepris de mettre en place des mécanismes, tels que des jalons que chaque service doit atteindre en vue d'assurer des services publics plus inclusifs.

Près de la moitié des villes étudiées ont estimé que le déficit de compétences (à savoir le manque de savoir-faire, de formation et de capacités – techniques et infrastructurelles – des acteurs locaux pour élaborer et mettre en œuvre des politiques d'intégration) présente un défi majeur pour la politique d'intégration locale. Le renforcement des capacités des prestataires de services publics (et de leurs sous-traitants) pourrait fortement contribuer à réduire les barrières linguistiques et culturelles qui compromettent l'accès aux services publics des réfugiés et autres immigrés vulnérables récemment arrivés.

Si certaines administrations centrales fixent les critères nationaux d'accès aux services universels des réfugiés, l'application de ces critères relève encore souvent de la responsabilité des échelons inférieurs. Les seuls efforts municipaux ne sauraient toutefois suffire. Ils doivent être associés à un suivi et à des évaluations au niveau national pour vérifier que le renforcement des capacités intervient là où il est le plus nécessaire.

Le décalage entre les frontières socioéconomiques et administratives, ou la mise en œuvre à la mauvaise échelle géographique, risque d'empêcher l'exécution des politiques d'intégration. La prestation de services essentiels pour l'intégration, comme l'aide au logement ou le soutien psychologique, nécessitera souvent une coordination entre localités limitrophes et entre régions pour atteindre le groupe cible visé et couvrir la zone appropriée.

La diffusion des stratégies locales est utile pour encourager la participation et la collaboration, et pour éviter les tensions sociales qui accompagnent parfois les vagues d'immigration massive. D'autres instruments destinés à intensifier l'échange d'informations entre les différents échelons de l'administration publique – notamment les consultations, l'établissement de normes et le suivi des indicateurs d'intégration – peuvent définir plus précisément les responsabilités des différents intervenants, rehausser la transparence et contribuer à mobiliser l'appui de l'opinion publique.

L'immense majorité des villes de l'échantillon collaborent avec des ONG dans le cadre de projets liés à l'intégration. Des mécanismes de concertation, le recours à des contrats qui laissent aux ONG une marge de manœuvre pour s'adapter à l'évolution des situations, des critères précis, et des procédures de suivi et d'appel d'offres transparentes favorisent la mise en place de partenariats plus efficients.

Les mécanismes nationaux d'accueil et d'intégration des demandeurs d'asile et des réfugiés ont dans la plupart des cas été accompagnés d'un transfert de ressources aux autorités municipales, soit sous forme de somme forfaitaire en fonction du nombre de demandeurs d'asile et de réfugiés accueillis par la ville, soit sous forme de frais de recouvrement pour les services initialement payés par les municipalités (Encadré 2.6). Celles-ci s'inquiètent toutefois fréquemment de l'insuffisance de ces financements. Dans de nombreux pays, cela a créé chez elles une réticence à accueillir des réfugiés, ce qui aura un effet négatif sur les perspectives d'intégration initiales.

De plus, dans de nombreux pays de l'OCDE, les coûts directs de l'intégration des réfugiés que les municipalités doivent assumer à court terme sont en grande partie liés au financement des mesures initiales d'intégration et/ou à la formation linguistique ; si l'intégration n'est pas pleinement réussie, les coûts à long terme peuvent s'avérer substantiels (OCDE, 2016[48]). Cela se vérifie en particulier pour les réfugiés ayant un faible niveau d'instruction, dont l'intégration risque d'être plus longue.

Encadré 2.6. Financement de l'intégration à l'échelon local

Les transferts budgétaires sont devenus l'instrument privilégié des administrations centrales pour financer les coûts croissants de l'intégration à l'échelon infranational. Néanmoins, ces paiements ne couvrent en général qu'une fraction des coûts réels de l'accueil pour les administrations infrarégionales (OCDE, 2017[53]).

Comme la composition de la population réfugiée en termes d'instruction varie en général considérablement à l'intérieur des pays, les implications budgétaires de l'installation peuvent aussi sensiblement différer. Or, dans la majorité des pays de l'OCDE, le montant des fonds transférés aux municipalités pour l'installation des réfugiés ne tient compte ni des coûts locaux, ni des caractéristiques des réfugiés installés.

Dans un certain nombre de pays, le remboursement des municipalités est déterminé en fonction des coûts. En Finlande, par exemple, outre une composante de remboursement fixe pour les trois premières années suivant l'installation, les municipalités sont remboursées sur la base des coûts explicites pour la prestation de divers services - mesures d'intégration municipales, services d'interprétation et prestations sociales par exemple. À l'exception des mineurs non accompagnés et des personnes qui nécessitent une prise en charge médicale et sociale de longue durée, la période de remboursement est indépendante des caractéristiques des immigrés ou de la rapidité probable de leur intégration.

Source : OCDE (2017[57]), "Who bears the cost of integrating refugees? Débats sur les politiques migratoires, n° 13", https://www.oecd.org/els/mig/migration-policy-debates-13.pdf ; OCDE (2018[58]), *Working Together: Skills and Labour Market Integration of Immigrants and their Children in Finland,* https://dx.doi.org/10.1787/9789264305250-en, ; OCDE (2017[59]), "Finding the way: A discussion of the Finnish migrant integration system", http://www.oecd.org/migration/mig/Finding-the-Way-Finland.pdf.

L'entrepreneuriat peut-il favoriser l'intégration des réfugiés et autres immigrés vulnérables ?

L'un des indicateurs les plus couramment utilisés des activités entrepreneuriales est le travail indépendant. Les travailleurs indépendants sont ceux qui possèdent leur propre entreprise et y travaillent (OCDE, 2017[60]). Certains travaillent seuls, d'autres ont des employés.

Dans la plupart des pays de l'OCDE, les immigrés travaillent plus souvent à leur propre compte que la population née dans le pays. En 2015, par exemple, c'était le cas de 19 % des immigrés qui travaillaient dans l'Union européenne, contre 14 % pour la population qui y était née (Graphique 2.8).

Les immigrés forment toutefois une catégorie très hétérogène qui comprend des travailleurs très qualifiés, des immigrés familiaux, des étudiants et des groupes vulnérables comme les réfugiés. Par conséquent, les activités exercées à titre indépendant varient considérablement, en termes d'étendue et de qualité, selon ces groupes. Des données du Canada montrent ainsi que les réfugiés sont moins susceptibles de travailler à leur compte que la population née dans le pays durant leurs trois premières années suivant leur arrivée, mais que leur pourcentage double après cinq ans et dépasse alors celui de la population née dans le pays (Green et al., 2016[61]).

Graphique 2.8. Taux de travail indépendant des immigrés, par pays, 2015

Nombre de travailleurs indépendants en pourcentage de l'emploi total (personnes âgées de 15 à 64 ans)

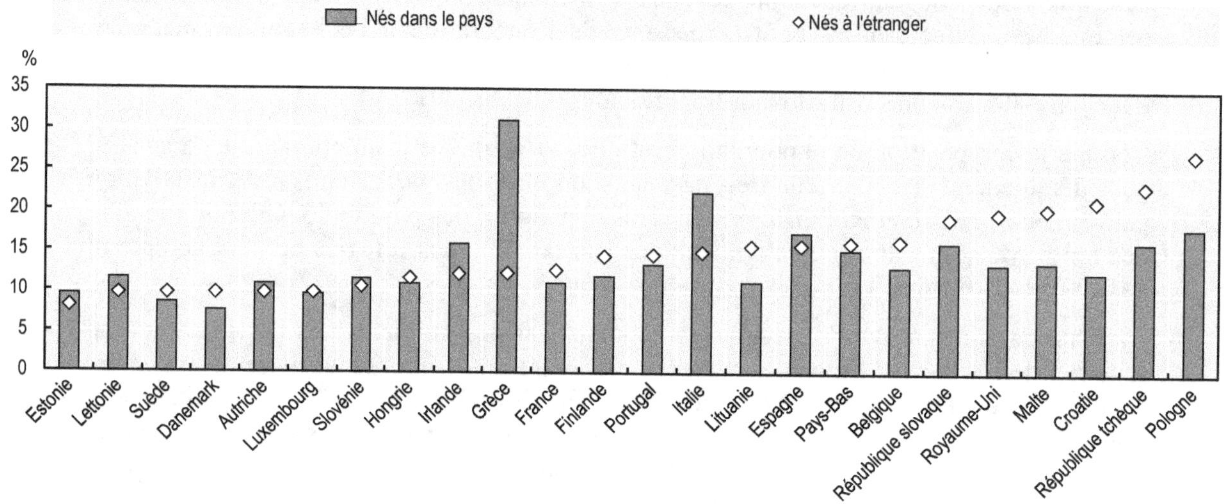

Source : Calculs spéciaux de l'Enquête sur les forces de travail d'Eurostat de 2015.

Les réfugiés qui souhaitent créer une entreprise se heurtent à un certain nombre d'obstacles (OCDE, 2018[62]). En premier lieu, ils n'ont pas toujours les compétences entrepreneuriales et linguistiques nécessaires pour lancer une entreprise rentable, à savoir les compétences techniques (communication écrite et orale, résolution de problèmes), les compétences en gestion d'entreprise (définition d'objectifs, prise de décision, finances, négociation, relations avec la clientèle), et les compétences entrepreneuriales personnelles (gestion des risques, gestion du changement, réflexion stratégique, leadership) (OCDE/Commission européenne, 2013[63]). Bon nombre de ces compétences, en matière de gestion notamment, font souvent défaut aux entrepreneurs issus de groupes réfugiés (Rath et al., 2011[64] ; Hiebert, 2009[65]).

Un domaine dans lequel les réfugiés éprouvent des difficultés particulières est celui de la langue, qui constitue pour eux un obstacle lorsqu'ils doivent prendre connaissance des régimes réglementaires et institutionnels afin de créer une entreprise (Rath et al., 2011[64] ; Hiebert, 2009[65]). Les difficultés linguistiques peuvent également leur compliquer la tâche lorsqu'il s'agit de demander un prêt et du capital de démarrage et de chercher des partenaires commerciaux. Il leur est aussi plus difficile d'établir des relations avec la clientèle et les fournisseurs. Un moyen pour les entrepreneurs réfugiés de contourner ce problème consiste à créer une entreprise s'adressant aux clients de la même communauté, et à rechercher des fournisseurs qui parlent la même langue (Rezaei, Goli et Møballe, 2006[66]).

Ils peuvent aussi se heurter à des difficultés autres que linguistiques pour obtenir des financements de démarrage, dont l'absence est l'une des barrières à la création d'une activité les plus fréquemment citées par l'ensemble des entrepreneurs. Cet obstacle est probablement encore plus important pour les entrepreneurs réfugiés, qui sont parfois détenteurs d'un titre de séjour de courte durée et n'ont ni épargne, ni antécédents de crédit, ni garanties (Betts, Omata et Bloom, 2017[67]). Les entrepreneurs réfugiés s'en remettent donc souvent aux mécanismes de financement informels, comme les prêts des membres de la famille et des relations, ou les associations rotatives et accumulatives d'épargne-crédit

(Rezaei, Goli et Møballe, 2006[66]). Ces dispositifs sont toutefois souvent limités à des sommes relativement modestes du fait qu'ils font essentiellement appel à des liquidités. La majorité des entrepreneurs réfugiés qui ont recours à ce type de financement pour lancer leur entreprise sont donc souvent contraints de revoir leurs ambitions à la baisse.

De nombreuses villes et régions proposent des cours et des ateliers de création et de gestion d'entreprise destinés aux entrepreneurs issus de groupes de réfugiés. Ces formations couvrent les thèmes classiques de toute formation à l'entrepreneuriat, notamment la planification commerciale et financière, la fiscalité et la gestion des ressources humaines. Celles proposées aux réfugiés se distinguent en ceci qu'elles comportent généralement des modules sur la culture des affaires et les questions de société. Les cours sont souvent proposés en plusieurs langues afin d'en accroître l'attrait et l'utilité pour les réfugiés. On citera pour exemple le programme en quatre volets « !gnite » de Sydney (Australie), qui a soutenu avec succès la création de nouvelles entreprises et a également réussi à réduire les prestations versées par la sécurité sociale (Encadré 2.7). Outre la formation à la création et à la gestion d'entreprises, certaines villes proposent des cours de langue susceptibles d'aider les entrepreneurs immigrés et réfugiés à s'intégrer à leur communauté.

L'accompagnement et le mentorat peuvent apporter aux entreprises une aide au démarrage et une aide sociale. Il s'agit de relations professionnelles qui favorisent l'acquisition de compétences entrepreneuriales et le développement personnel. Le rôle de l'accompagnateur ou du mentor consiste à dispenser des conseils adaptés à l'entrepreneur et à formuler des commentaires constructifs pour le guider tout au long d'un processus d'apprentissage. La clé de la réussite, pour les programmes d'accompagnement et de mentorat destinés aux entrepreneurs réfugiés, consiste à instaurer rapidement la confiance de manière à ce qu'ils recourent à un soutien professionnel plutôt qu'aux conseils de la famille ou de réseaux personnels (OCDE, 2018[62]). Un moyen d'y parvenir est de proposer cette aide dans différentes langues, par le biais de membres de leur communauté.

On peut aussi favoriser la mise en place de mécanismes financiers locaux et de communautés autofinancées moyennant des formations et des aides à l'établissement de leur infrastructure. Les systèmes de financement locaux ont récemment connu un nouvel essor, dans les pays du sud de l'Union européenne notamment. En Espagne, par exemple, le développement de l'Associació de Comunitats Autofinançades (ACAF, ou Association des communautés autofinancées), une organisation à but non lucratif qui encourage la création et le développement de ces communautés, en est l'exemple le plus frappant.

Encadré 2.7. !gnite (Australie)

Le projet *!gnite Small Business Start-ups* est un programme d'aide aux réfugiés récemment arrivés à Sydney. Un entretien est d'abord organisé avec la personne concernée pour évaluer son potentiel entrepreneurial. Les participants au programme travaillent ensuite avec un conseiller pour définir les compétences nécessaires et les séances de formation appropriées. Un mentor leur est également assigné, et ils sont invités à des séances de réseautage. Une fois l'entreprise lancée, l'entrepreneur bénéficie d'une assistance à la mise en place d'un site web, à l'élaboration du matériel promotionnel et à la tenue d'une comptabilité de base. Pendant la dernière phase, l'aide est progressivement diminuée, et les entrepreneurs sont aiguillés sur d'autres dispositifs de soutien aux entreprises.

En trois ans, 240 clients ont été admis à participer au programme et 61 entreprises ont été créées. Une évaluation a constaté que les ressources financières et humaines n'étaient pas suffisantes pour aider tous les clients selon leurs besoins. Le programme est toutefois jugé probant parce que les clients ont amélioré leur maîtrise de la langue anglaise et développé leurs réseaux professionnels et sociaux, et que les prestations versées par la sécurité sociale ont diminué (Collins, 2016[68]).

Enfin, l'intégration de programmes d'entrepreneuriat dans les politiques locales d'insertion peut également aider les réfugiés à obtenir les ressources nécessaires pour créer ou développer une entreprise. Les villes ont toujours joué un rôle stratégique à l'appui de la création d'entreprises, y compris celles d'immigrés ; elles peuvent aider ces derniers à surmonter différents obstacles dans l'établissement de leur activité, comme la méconnaissance de la culture et du cadre réglementaire régissant la création d'entreprise et le travail indépendant. Elles le font en offrant des programmes intégrés de soutien à l'entrepreneuriat, y compris des formations linguistiques et en gestion d'entreprise (OCDE, 2018[56]).

Quels moyens pour encourager les employeurs à embaucher des réfugiés et autres immigrés vulnérables ?

Les employeurs occupent une fonction déterminante dans l'intégration des réfugiés et autres immigrés vulnérables : faute de volonté de leur part ou si les obstacles à l'embauche de réfugiés sont trop nombreux, l'emploi de ces populations pourra difficilement être assuré. Il est essentiel que les politiques d'intégration soient au diapason des besoins de ces fournisseurs d'emplois et de formations, que les cadres d'action prévoient un processus simplifié pour aller vers les réfugiés, les embaucher et les retenir dans les entreprises.

S'il assure avant tout l'autonomie économique des réfugiés, l'emploi n'est pas sans avoir d'autres effets secondaires positifs dans le processus d'intégration : côtoyer des collègues nés dans le pays peut accélérer l'apprentissage de la langue, accroître les contacts sociaux entre différents groupes et, *in fine*, venir à bout des stéréotypes et des préjugés.

Les employeurs ne peuvent et ne devraient pas remplacer les services publics d'intégration, mais leurs contributions sont un complément indispensable des actions publiques. Au début de la récente vague de réfugiés, peu de rapports et d'analyses se sont intéressés aux obstacles rencontrés par les employeurs souhaitant embaucher des réfugiés, à leur motivation et aux moyens d'action publique pour les aider.

L'OCDE et le HCR ont préparé un plan d'action multipartite en 10 points à l'intention des employeurs, des réfugiés, des gouvernements et de la société civile (Encadré 2.8). Les dix points sont décrits ci-après.

Encadré 2.8. Le Plan d'action OCDE-HCR en faveur de la coopération avec les employeurs pour promouvoir l'emploi des réfugiés

En avril 2018, l'Agence des Nations Unies pour les réfugiés (HCR) et l'OCDE ont lancé un plan d'action visant à multiplier les possibilités d'emploi pour les réfugiés (www.unhcr.org/5adde9904). La méthodologie suivie reposait sur une série de dialogues régionaux avec des employeurs des pays nordiques, des pays germanophones et d'Amérique du Nord, ainsi qu'au niveau de l'Union européenne. À partir de ces consultations (entre 2016 et 2017) et d'une enquête auprès d'employeurs allemands sur l'embauche de réfugiés (2016), un inventaire a pu être dressé des principaux obstacles et des mesures à prendre pour aider les employeurs.

Les employeurs ont souvent du mal à évaluer correctement les compétences de réfugiés à cause des barrières linguistiques, du manque de documents prouvant leur niveau d'études et leurs compétences ou de difficultés d'interprétation des diplômes étrangers. Ils ne sont pas toujours disposés, en particulier les petites et moyennes entreprises, à prendre le risque d'embaucher des candidats dont les compétences professionnelles sont difficiles à apprécier. Aussi, une plus grande transparence des compétences améliorerait l'employabilité des réfugiés et faciliterait les décisions d'embauche des employeurs. Pour cela, les autorités publiques doivent développer et multiplier les outils d'évaluation des compétences existants, faciliter la validation des diplômes étrangers, investir dans des outils d'évaluation des compétences acquises par des voies informelles. Un grand nombre de pays de l'OCDE ont un marché du travail très formel et une expérience limitée de l'évaluation et de la validation des compétences informelles. Or, de nombreux réfugiés ayant une expérience professionnelle dans le secteur informel, la validation de ces compétences doit faire partie des politiques publiques importantes à formuler dans les prochaines années.

Il conviendra ensuite de développer les compétences linguistiques et d'offrir des possibilités de valorisation des compétences professionnelles : pour que les candidats correspondent aux besoins des employeurs, mais aussi pour faciliter leur intégration économique à long terme. Les employeurs exigent généralement que les candidats maîtrisent bien, voire très bien, la langue du pays d'accueil. Les résultats d'une enquête auprès d'employeurs allemands indiquent qu'environ la moitié d'entre eux demandent au moins un bon niveau d'allemand, même pour les emplois peu qualifiés, proportion qui atteint 90 % pour les emplois moyennement qualifiés (OCDE, 2017[7]). En règle générale, qui dit bonne maîtrise de la langue, dit meilleurs résultats sur le plan professionnel. En moyenne dans les pays de l'Union européenne, le taux d'emploi des réfugiés déclarant avoir un niveau intermédiaire dans la langue du pays d'accueil est le double du taux d'emploi de ceux qui déclarent avoir un niveau débutant ou moins (UE/OCDE, 2016[1]). Par conséquent, il importe de veiller à ce que les cours de langue soient adaptés aux différents besoins et aux capacités d'apprentissage. Les mesures de valorisation (cours supplémentaires, formations professionnelles et enseignement pour adultes) sont autant d'autres solutions aux problèmes d'inadéquation des compétences, en particulier dans les pays où peu d'employeurs recherchent une main-d'œuvre peu qualifiée.

Trouver des candidats réfugiés qualifiés est un défi pour de nombreux employeurs. Les réfugiés, quant à eux, manquent souvent de réseaux pouvant les mettre en relation avec des employeurs ou sur des pistes d'emploi. Qui plus est, les conseillers des services publics de l'emploi manquent souvent d'expérience lorsqu'il s'agit de cerner les compétences des réfugiés ou de mettre leurs profils en correspondance avec ceux recherchés par les employeurs. Les salons de l'emploi, les plateformes d'emploi en ligne et les organisations de la société civile qui travaillent avec des réfugiés sont indispensables pour combler ce fossé. Une collaboration plus étroite entre services publics de l'emploi et employeurs pourrait simplifier le placement de candidats qualifiés, notamment si les autorités publiques prennent le soin de former leurs employés sur les besoins particuliers des réfugiés.

Les employeurs peuvent se perdre dans les démarches administratives et juridiques, notamment lorsque les candidats sont demandeurs d'asile. Dans de nombreux pays de l'OCDE, des cadres juridiques complexes régissent l'embauche de demandeurs d'asile ou de réfugiés en tant que salariés, apprentis ou stagiaires. L'effort requis pour comprendre les réglementations, obtenir les permis de travail et entreprendre les démarches bureaucratiques peut rebuter les employeurs. La simplification des procédures d'octroi de permis de travail et l'application uniforme des réglementations dans tout le pays s'imposent. Les employeurs devraient par ailleurs pouvoir accéder facilement à des guides pratiques et des informations individuelles, notamment par le biais de sites ou de services de téléassistance spécialisés.

Il est essentiel d'apporter aux employeurs une sécurité juridique suffisante pour faciliter l'emploi des réfugiés. Même lorsque les procédures administratives sont relativement simples, les employeurs peuvent hésiter à offrir des emplois à des réfugiés dont les perspectives de séjour sont incertaines. Les employeurs peuvent être réticents à investir dans un apprentissage ou une formation supplémentaire. En veillant à ce que les apprentis aient le droit de séjourner dans le pays pendant toute la période de l'apprentissage, cette réticence pourrait être atténuée. Plus généralement, les autorités publiques doivent prendre conscience du fait que les permis de court séjour délivrés aux réfugiés ont un effet dissuasif sur leurs employeurs potentiels.

Aider les employeurs à créer un lieu de travail plus inclusif peut préparer l'accueil de nouveaux employés réfugiés et représente une opportunité de vérifier si leurs politiques de lutte contre les discriminations et le harcèlement remplissent leurs objectifs. Un environnement de travail favorable à l'intégration des réfugiés est un environnement qui réserve un bon accueil aux nouveaux embauchés, avec un personnel d'encadrement et des collègues compétents pour résoudre les éventuels problèmes de langue et malentendus liés aux différences de culture professionnelle ou de styles de communication. Par ailleurs, la direction doit définir clairement ce qu'elle attend des nouveaux employés et de ceux déjà en place, communiquer les raisons de l'embauche de réfugiés et impliquer le personnel, par exemple par le biais des programmes de mentorat. Dans de nombreux pays, des organisations patronales et des organisations de la société civile conseillent et forment les employeurs dans les domaines de la communication interculturelle, de la non-discrimination et de la gestion inclusive.

Il est crucial que l'aide à l'intégration se poursuive après l'embauche, en particulier pour les réfugiés peu qualifiés et ceux entrés sur le marché du travail par le biais de stages ou de contrats de courte durée. Des mesures d'alternance, combinant par exemple travail et études, formation professionnelle ou encore cours de langue, peuvent transformer des placements initiaux en emplois plus stables et plus productifs. Qui plus est, les employeurs seront peut-être mieux disposés à embaucher des réfugiés moins qualifiés si des mesures sont en place permettant la formation et la valorisation des compétences pendant toute la durée de l'emploi. Dans le cadre du cycle de consultations pour la préparation du plan d'action OCDE-HCR (Encadré 2.8), de nombreux employeurs ont pointé le manque de formation continue et exprimé le souhait d'être davantage épaulés après l'embauche de réfugiés, par exemple en ayant un interlocuteur spécialisé au sein des services publics de l'emploi.

Compte tenu du grand nombre d'acteurs intervenant dans les politiques d'intégration, la coordination des actions et des mesures prises s'est révélée problématique pour de nombreux pays, entraînant dans certains cas des modifications fréquentes des réglementations, des retards de mise en œuvre ou un manque d'uniformité de la mise en œuvre sur l'ensemble du pays. Le manque de clarté quant aux responsabilités des différents acteurs, aux sources d'aide et d'information, décourage les employeurs. Une meilleure coordination est nécessaire entre les employeurs, les services publics de l'emploi, les autorités locales de l'immigration et les gouvernements, tout comme le renforcement de la collaboration avec les prestataires d'éducation et un plus grand rapprochement avec les initiatives de la société civile.

De nombreux employeurs ne voient pas d'argument économique en faveur de l'embauche de réfugiés ; les autres sont souvent motivés par un sentiment de responsabilité sociale (OCDE, 2017[7]) qui risque d'être insuffisant pour pérenniser l'emploi, notamment en période de ralentissement économique. Pour consolider les arguments économiques, il est essentiel de renforcer les compétences et la productivité des réfugiés, de faciliter les démarches d'embauche pour les employeurs, de réduire les risques et l'incertitude.

Comment valoriser la contribution de la société civile à l'intégration des réfugiés et autres immigrés vulnérables ?

Si c'est aux pouvoirs publics qu'il appartient de veiller à la disponibilité de services d'intégration, le secteur associatif n'en joue pas moins un rôle crucial dans ce domaine ; il est en première ligne de l'aide apportée aux primo-arrivants et immigrés vulnérables dans un grand nombre de pays de l'OCDE (OCDE, 2017[69]).

Le secteur associatif englobe un large éventail d'acteurs et d'institutions, allant des initiatives volontaires locales aux ONG (internationales), aux associations de migrants, aux organisations du secteur associatif, dont les entreprises sociales, et aux prestataires de services à but non lucratif subventionnés par l'État pour fournir des services d'accueil et d'intégration. Compte tenu de cette diversité, le rôle que le secteur associatif peut et devrait jouer dépend fortement des capacités professionnelles et financières des acteurs respectifs, de leur rôle au niveau local et de la mobilisation de la population locale (Galera, Giannetto et Noya, 2018[70]).

Qui plus est, l'intégration des migrants vulnérables est organisée très différemment d'un pays à l'autre de la zone OCDE. En France, en Allemagne, en Italie et en Grèce, par exemple, le secteur associatif s'est toujours chargé en très grande partie des premières phases de l'accueil, notamment de l'hébergement d'urgence et du traitement des demandes d'asile. Dans d'autres pays de l'OCDE, l'accueil initial est principalement organisé par les autorités publiques.

Par ailleurs, certains pays confient depuis longtemps les services d'intégration à des prestataires professionnels à but non lucratif ; le processus de réinstallation aux États-Unis et au Canada en est un exemple (OCDE, 2016[31]). Dans d'autres pays, les services d'intégration sont principalement fournis par des institutions et des agences publiques, le secteur associatif étant plutôt considéré comme un acteur complémentaire. Or, dans la pratique, son rôle est considérablement renforcé lorsque les moyens de l'État ne peuvent pas être déployés assez rapidement ou ne sont pas adaptés à toutes les situations, toutes les zones ou tous les types de migrants vulnérables (OCDE, 2016[31]). Les organisations du secteur associatif ont en outre, récemment, mis à l'essai des voies d'intégration inédites englobant la vie sociale et culturelle au lieu d'être limitées à l'intégration professionnelle (Galera, Giannetto et Noya, 2018[70]).

Indépendamment des différences organisationnelles entre les pays, le concours des initiatives volontaires, des organisations de migrants, des ONG et des entreprises sociales est indispensable pour faciliter l'intégration des immigrés vulnérables. Parce qu'elles opèrent sur le terrain et dialoguent directement avec les immigrés, mais aussi et en même temps avec les populations locales, elles sont bien placées pour voir si les politiques fonctionnent dans la pratique, pour faire remonter l'information et réfléchir aux moyens de mieux adapter les mesures d'intégration aux besoins des migrants vulnérables. Cela suppose toutefois la mise en place de structures permettant ces boucles de rétroaction, par exemple des cycles réguliers de consultation entre les autorités publiques et les représentants du secteur associatif.

D'autre part, les initiatives volontaires qui encouragent le contact entre les populations locales et les primo-arrivants sont non seulement importantes pour favoriser la cohésion sociale en général, mais aussi pour améliorer les compétences linguistiques et accélérer l'entrée des immigrés sur le marché du travail. Tout porte à croire que l'accès à des réseaux de contacts sociaux et professionnels aide les demandeurs d'emploi à obtenir des pistes et multiplie leurs chances de décrocher un poste (OCDE, 2017[52]). Les programmes de mentorat individuel peuvent constituer un moyen rentable de faciliter l'intégration de immigrés vulnérables manquant de réseaux, à condition qu'ils fixent des objectifs précis et que les mentors soient adéquatement formés (OCDE, 2007[71] ; 2008[55]). Le secteur associatif a développé des programmes à grande échelle dans plusieurs pays, dont le Canada, le Danemark, la Nouvelle-Zélande et la Norvège.

Les associations de migrants devraient être un interlocuteur de premier plan des responsables politiques lorsque ces derniers élaborent, mettent en œuvre et évaluent les politiques d'intégration, pour veiller à ce qu'elles répondent effectivement aux besoins, à ce que les décideurs comprennent les obstacles à l'accès aux mesures d'aide pouvant être rencontrés par des groupes particuliers. Les associations de migrants peuvent apporter un éclairage unique sur les mesures qui sont efficaces dans la pratique et pourquoi. De plus, notamment parmi les migrants vulnérables, elles seront plus souvent considérées comme un interlocuteur de confiance étant donné que les barrières linguistiques sont moins problématiques.

Il n'en reste pas moins que la plupart des pays de l'OCDE ont eu des difficultés à tirer pleinement parti du potentiel du secteur associatif pour faciliter l'intégration. En réaction plus particulièrement à l'afflux de demandeurs d'asile, une pléthore d'initiatives d'ONG et de la société civile a vu le jour dans les pays européens de l'OCDE, rendant la tâche difficile aux autorités chargées de coordonner la multitude d'acteurs et d'offres d'intégration. Dans certains cas, la coopération a été entravée par des divergences d'objectifs politiques. Plusieurs initiatives originales ont néanmoins donné naissance à des voies d'intégration socioéconomique innovantes (OCDE, 2016[31]).

S'ajoute à cela le fait que de nombreux services d'intégration lancés par des groupes de la société civile, des ONG et des prestataires de services à but non lucratif sont financés par l'État. Les périodes de financement étant généralement courtes, il peut se produire une accumulation rapide de capacités qui restent ensuite inutilisées après épuisement du financement du projet. La mise en place de structures de financement plus durables, avec mécanismes d'évaluation intégrés, est cruciale pour accroître l'efficacité et le professionnalisme du secteur associatif. Des mécanismes de financement novateurs pourraient aussi contribuer à résoudre le problème des ressources (Encadré 2.9).

Encadré 2.9. Le financement d'investissement privé d'intérêt social : un nouveau modèle de financement de l'intégration ?

Depuis 2016, la Finlande teste un nouveau modèle d'intégration, dans un souci d'accélération du processus. Les modules de formation sont ponctués de périodes d'emploi, de telle sorte que les participants peuvent travailler un certain temps, puis suivre une formation d'intégration complémentaire pour satisfaire les besoins à mesure qu'ils se présentent, plutôt qu'avant de commencer le travail. Les secteurs ciblés sont la construction, les services, les soins aux personnes, les TIC et la restauration.

Cette initiative a cela de particulièrement innovant qu'elle recourt à un modèle de financement dit « financement d'investissement privé d'intérêt social ». Des entreprises ont été invitées à investir dans un fonds privé destiné à financer des programmes d'éducation et de travail dans le cadre du projet pilote. Les investisseurs reçoivent un rendement si les coûts liés à l'intégration des participants dans le marché du travail sont inférieurs à ceux d'un groupe comparable qui ne suit pas la nouvelle formation. Les investisseurs – plutôt que le secteur privé – assument les risques financiers de l'essai. Si les objectifs d'emploi sont atteints, le ministère finlandais des Affaires économiques et de l'Emploi versera une portion des économies réalisées dans un fonds d'où les investisseurs pourront tirer leur capital initial ainsi qu'un bénéfice « raisonnable ». Des fonds privés étaient nécessaires pour le projet pilote étant donné que la sélection aléatoire de programmes financés par l'État n'est pas possible en Finlande, qui exige que les initiatives publiques soient ouvertes à tous.

Source : OCDE (2018[58]), *Working Together: Skills and Labour Market Integration of Immigrants and their Children in Finland*, https://dx.doi.org/10.1787/9789264305250-en.

Qui plus est, si la participation d'initiatives volontaires locales a certes été cruciale pour l'intégration de primo-arrivants vulnérables, on ne peut s'attendre à ce que des volontaires assument les tâches de l'État au moyen ou au long terme. Les volontaires ne sont pas toujours adéquatement équipés pour répondre aux situations personnelles, sociales et juridiques souvent très complexes des immigrés vulnérables. Il importe, par conséquent, d'investir dans les capacités des volontaires, mais tout en trouvant le juste milieu entre soutenir ces acteurs et continuer d'offrir des services publics professionnels de qualité. Éviter une surcharge de travail des volontaires permettra en outre de pérenniser la mobilisation citoyenne.

Enfin, peu d'économies de l'OCDE ont pu impliquer systématiquement les associations de migrants et tirer parti de leur savoir-faire au moment de la mise en œuvre ou de l'élaboration de politiques d'intégration. Si ce constat pointe la nécessité de renforcer les capacités des associations de migrants, un recadrage fondamental de la formulation de politiques s'impose également pour que les mesures d'intégration soient conçues non seulement *pour* les immigrés, mais aussi *avec* eux.

Quelles retombées les voies d'entrée ont-elles sur l'intégration des réfugiés et autres immigrés vulnérables ?

Tous les réfugiés et autres immigrés vulnérables n'entrent pas dans le pays d'accueil par la même voie, et la voie d'entrée change la donne. Ceux qui arrivent dans le pays d'accueil en tant que demandeurs d'asile ont généralement peu de temps pour se préparer et n'ont aucun contact avec le pays de destination avant leur arrivée. Les candidats à la réinstallation sont sélectionnés sur une liste, vérifiés et préparés pour leur réinstallation ; la sélection s'effectue généralement parmi les candidats les plus vulnérables. D'autres immigrés vulnérables peuvent avoir recours à des voies juridiques complémentaires pour la migration vers les pays de destination.

La réinstallation – le transfert des réfugiés d'un pays d'asile vers un autre État ayant accepté de les admettre et de leur accorder un statut permanent – offre une possibilité d'apport de soutien avant l'arrivée, à l'arrivée et durant la phase d'intégration qui suit. Les réfugiés arrivent avec un statut garanti, ils ont accès aux services sociaux et au marché du travail, mais ils ne choisissent pas eux-mêmes le pays d'accueil. Très peu d'États participent à des programmes de réinstallation. Bien que les États-Unis aient, au total, réinstallé plus de réfugiés que tout autre pays, le Canada, l'Australie et les pays nordiques admettent eux aussi un nombre considérable de personnes chaque année. D'autres pays, en dehors des pays de réinstallation traditionnels, ont le intensifié leurs programmes ; parmi eux, le Chili, le Japon et la Corée (voir Encadré 2.10).

Encadré 2.10. Le programme de réinstallation japonais

Au Japon, la réinstallation des réfugiés remonte à l'admission des Indochinois en 1978. Outre les réfugiés conventionnels, les pouvoirs publics japonais ont admis 11 300 réfugiés indochinois entre 1978 et 2005. L'aide à la réinstallation a été déléguée par le gouvernement au Refugee Assistance Headquarters (RHQ). Les réfugiés pouvaient séjourner dans les centres du RHQ, suivre quatre mois d'enseignement du japonais et des compétences nécessaires à la vie courante, et recevoir une aide à l'emploi (orientation professionnelle, placement, formation professionnelle, etc.).

Ces mesures ont continué après la fin de l'acceptation des réfugiés indochinois. Au Japon, l'admission des réfugiés est régie par un accord du Conseil des ministres sur le programme de réinstallation. Entre 2010 et 2014, le pays a accepté 86 réfugiés du Myanmar venus de camps thaïlandais ; à partir de 2015, il a admis des réfugiés du Myanmar en provenance de Malaisie, à raison d'un total de 174 réfugiés jusqu'à 2018 (ministère des Affaires étrangères du Japon, en septembre 2018).

Le RHQ offre aux réfugiés qui arrivent au Japon un programme d'aide à la réinstallation de 180 jours comprenant 572 heures de cours de japonais, 90 heures de conseils sur la vie au Japon et une aide à la recherche d'emploi, avec consultation, placement et formation professionnelle. Après le programme, les réfugiés réinstallés peuvent bénéficier d'un suivi. Les ONG aident également les réfugiés, notamment pour tout ce qui concerne les démarches administratives, la recherche de logement, les soins médicaux, l'apprentissage de la langue et la recherche d'emploi.

Les quotas annuels et les critères de sélection des réfugiés sont fixés par décision politique dans chaque pays de réinstallation, mais le besoin de protection des personnes et l'absence de solution durable sont les principaux critères d'admissibilité. D'autres critères sont également prioritaires, dont le potentiel d'intégration économique et sociale des réfugiés. Les États-Unis, qui ont réinstallé près de 54 000 réfugiés en 2017, admettent ceux qui entrent dans au moins une catégorie de vulnérabilité (par exemple les femmes et les filles menacées, les survivants de la violence ou de la torture, les personnes ayant des besoins médicaux urgents, et les enfants vulnérables). Les réfugiés réinstallés se distinguent ainsi des demandeurs d'asile en ce qu'ils ne choisissent pas le pays dans lequel ils sont installés ; ils sont généralement plus vulnérables ; il s'agit plus souvent de femmes, de filles et de familles avec enfant que dans le cas des autres réfugiés.

Pour ceux qui sont sélectionnés à cause de leur vulnérabilité, leurs faibles niveaux d'éducation et leurs problèmes de santé sont corrélés avec un devenir professionnel moins favorable par comparaison avec les réfugiés admis par le biais du système d'asile. Le devenir professionnel à long terme des réfugiés réinstallés n'a été que très peu analysé faute de données sur les catégories d'admission dans la plupart des pays. Selon une étude suédoise, les réfugiés réinstallés sont ceux qui s'intègrent le moins et le plus lentement dans le marché du travail, par comparaison avec les demandeurs d'asile et les immigrants admis dans le cadre du regroupement familial (Bevelander, 2011[72]).

Dans le cas des réfugiés en attente de réinstallation, la période qui précède le départ peut être utilisée pour préparer l'intégration. Le HCR conduit des entretiens avec les réfugiés et présente leurs dossiers aux pays susceptibles de les accueillir. Ensuite, en vertu d'accords de coopération avec ces mêmes pays, l'Organisation internationale pour les migrations (OIM) se charge du traitement des dossiers, des bilans de santé et de l'orientation préalable au départ. À l'arrivée, les pays de réinstallation assurent la protection juridique et physique des réfugiés, y compris leur accès à des droits civils, politiques, économiques, sociaux et culturels semblables à ceux des ressortissants. Les réfugiés réinstallés ont aussi la possibilité d'être naturalisés ultérieurement. La réussite des programmes de réinstallation dépend de partenariats solides pour aider les individus et leurs familles à commencer une nouvelle vie dans un nouveau pays (ICMC, 2011[73]).

À l'inverse des demandeurs d'asile, les réfugiés réinstallés intègrent une communauté locale dès leur arrivée et ne séjournent pas préalablement dans des centres d'asile. De ce fait, ils ne connaissent généralement que très peu la société d'accueil à leur arrivée, ni sa culture ou sa langue. Pour les aider, il importe de formuler des politiques d'intégration en concertation avec les parties prenantes nationales et locales concernées (ICMC, 2011[73]). Il est crucial que les communes, les ONG et autres acteurs participent aux préparatifs pour l'arrivée des groupes de réfugiés, qu'ils soient informés sur les réfugiés et leurs besoins, pour faire le lien entre les différentes phases du processus. Une planification et un échange d'informations poussés sont nécessaires pour veiller à ce que les besoins importants, notamment les besoins sanitaires, soient satisfaits dès l'arrivée. Pendant la première phase de réinstallation, les réfugiés ont besoin d'un soutien intensif et personnalisé pour se familiariser avec les systèmes et les services complexes du pays de réinstallation. Ce soutien doit être limité dans le temps et en fonction des besoins individuels.

En règle générale, les réfugiés réinstallés ne peuvent pas choisir le lieu de réinstallation dans leur nouveau pays d'accueil ; ils sont affectés à une commune par l'État. Dans la majorité des pays, la décision d'installer des réfugiés dans telle ou telle commune dépend de la volonté de la commune concernée. Dans d'autres, comme le Danemark et les Pays-Bas, la loi oblige les communes à accueillir un certain nombre de réfugiés par année. De nombreux réfugiés sont réinstallés dans de plus petites agglomérations, en dehors des grandes villes. Selon les études menées, les réfugiés installés dans ces plus petites agglomérations ont plus de facilité à former des réseaux de contacts sociaux et à établir des relations avec la nouvelle population d'accueil (Klaver et van der Welle, 2009[74]). Néanmoins, la dispersion des réfugiés réinstallés dans des zones isolées, où les possibilités d'emploi sont très limitées et la population locale hostile, peut être problématique et déclencher un nouveau déplacement (migration secondaire).

Encadré 2.11. Un programme de partenariat agricole pour les réfugiés réinstallés aux États-Unis

L'Office of Refugee Resettlement (ORR) fournit de l'argent liquide et une assistance médicale à court terme aux primo-arrivants, ainsi que des cours de langue et de préparation à l'emploi pour faciliter la transition des réfugiés aux États-Unis. L'ORR finance des programmes supplémentaires au-delà des huit premiers mois, notamment des programmes de création de microentreprises, d'autoassistance pour les communautés ethniques, des partenariats agricoles et des services destinés aux survivants de la torture. Le Refugee Agricultural Partnereship Program (Programme de partenariat agricole pour les réfugiés), qui fait partie de ces programmes, a une double ambition : d'une part, améliorer l'offre et la qualité de produits alimentaires dans les zones urbaines et rurales par le biais de projets agricoles pour les réfugiés ; d'autre part, apporter aux réfugiés réinstallés des revenus durables ou complémentaires et améliorer leur santé physique et mentale.

Source : « The U.S. Refugee Resettlement Program – an Overview », www.acf.hhs.gov/orr/resource/the-us-refugee-resettlement-program-an-overview.

Certaines caractéristiques des voies de protection internationale complémentaires pour les bénéficiaires – travail, études internationales, migration familiale, parrainage privé – peuvent améliorer la probabilité de retombées favorables pour ceux à qui elles s'adressent. Dans le cas de la migration de travail, généralement dictée par les employeurs, les primo-arrivants ont déjà un emploi. Les études internationales apportent une solution aux problèmes de reconnaissance des qualifications étrangères et du manque de compétences linguistiques, bien que ce dernier dépende de la langue d'instruction. Par la voie de la migration familiale, les immigrés arrivent dans une famille déjà plus ou moins installée étant donné que les revenus et autres critères d'intégration font souvent partie des conditions de parrainage. Le parrainage privé peut fortement influencer les retombées de l'intégration : grâce au réseau de soutien immédiat, l'individu parrainé a accès à la médiation, à des services, à des ressources, ainsi qu'à des possibilités d'emploi.

Comment aider les pays de premier asile, de transit et de destination à intégrer les réfugiés et autres immigrés vulnérables dans les populations d'accueil ?

La grande majorité des réfugiés du monde entier – 85 % à la fin de 2017 – est concentrée dans les pays en développement. En effet, neuf des dix pays qui accueillent le plus de réfugiés sont des pays à revenu faible et intermédiaire. Quatre pays, soit le Liban, l'Ouganda, le Pakistan et la Turquie, accueillent entre eux 36 % du total mondial. Les Syriens constituent 98 % des réfugiés en Turquie, tandis que la population réfugiée au Pakistan est presque exclusivement originaire d'Afghanistan. Au total, plus d'un quart de tous les réfugiés vivent dans des pays à faible revenu disposant de ressources limitées pour faire face aux coûts directs et indirects engendrés par cette population.

Les réfugiés sont concentrés dans des pays à faible revenu touchés de manière disproportionnée par les conflits et autres crises humanitaires. En effet, la plupart des personnes forcées d'abandonner leur domicile n'ont pas toujours la volonté ni les moyens de parcourir de longues distances et vont se réfugier dans des pays voisins du leur, qui sont souvent des pays pauvres également.

Bien que les réfugiés séjournent généralement dans des pays en développement pendant la durée de leur déplacement, un grand nombre d'entre eux finissent par demander l'asile dans des pays de l'OCDE et passent parfois par plusieurs « pays de transit » avant d'atteindre leur destination finale.

De nombreux réfugiés et autres immigrés vulnérables dans ces pays de transit et de destination vivent dans des camps du HCR ou d'autres centres d'accueil. À la fin de 2017, en dehors des pays de destination de la zone OCDE, près de la moitié de tous les réfugiés vivaient dans des camps ou d'autres centres d'accueil collectif (HCR, 2018[75]).

Dans les pays de transit et de destination en développement, les réfugiés et autres immigrés vulnérables ont d'énormes difficultés à accéder aux conditions de vie les plus élémentaires. Ils vivent effectivement plus souvent dans de très mauvaises conditions après un déplacement forcé, lui-même cause de perte de moyens financiers et de traumatisme dans de nombreux cas. La précarité de leur statut juridique peut aussi les priver de certains droits.

Une multitude d'obstacles s'opposent à l'intégration de personnes déplacées de force dans des populations d'accueil de pays en développement, dont certains pourraient être surmontés en assurant une plus grande cohérence entre les acteurs de l'action humanitaire, du développement et de la paix, objet d'une recommandation prochaine du CAD de l'OCDE.

Les efforts du passé pour « relier » secours, reconstruction et développement n'ont pas répondu aux attentes. Qui plus est, les donneurs et les pays d'accueil n'ont pas toujours la même définition de « réussite » : les acteurs internationaux ont tendance à favoriser l'intégration locale, alors que les pays d'accueil préfèrent souvent le rapatriement (OCDE, 2017[76]). Dans la plupart des États plus fragiles et touchés par le conflit, qui accueillent généralement le plus grand nombre de réfugiés et de déplacés internes, les donneurs privilégient l'aide d'urgence plutôt que les programmes de développement à long terme en raison des risques perçus.

Des questions d'ordre politique, juridique et pratique doivent aussi être prises en compte, y compris la volonté politique du pays d'accueil d'accorder aux réfugiés le droit de travailler, les différentes interprétations du droit de libre circulation, le manque de papiers d'identité et les barrières linguistiques. Autant d'aspects qui limitent les possibilités d'emploi, l'insertion dans le système éducatif et les possibilités de cohésion sociale. Plusieurs initiatives publiques récentes ont adopté une démarche globale fondée sur des partenariats entre pouvoirs publics, organisations d'aide humanitaire et agences de développement (Encadré 2.12).

Le manque de possibilités de retour ou d'intégration au niveau régional entraîne parfois un mouvement secondaire des populations déplacées, qui cherchent à entrer dans des pays où elles pensent pouvoir bénéficier de protection et d'assistance (OCDE, 2017[76]). D'où l'importance capitale de l'intégration dans le pays d'accueil. Pour soutenir les pays en développement dans leurs efforts d'intégration des réfugiés et autres immigrés vulnérables dans les populations d'accueil – comme le demande le Pacte mondial sur les réfugiés – il importe de réunir des ressources financières suffisantes, d'utiliser des outils adaptés pendant une période adéquate, tout en favorisant la stabilité au moyen des mesures appropriées – en particulier dans les pays touchés par les conflits et autres crises humanitaires.

Encadré 2.12. Le Pacte pour la Jordanie

Le Pacte pour la Jordanie est une stratégie de financement et de planification à long terme dans ce pays, dont l'objectif est de fournir des possibilités d'emploi aux réfugiés et aux Jordaniens vulnérables. Lancé en 2015 en collaboration avec la Commission européenne, il ambitionne de créer 200 000 permis de travail pour des réfugiés Syriens. L'intention est de stimuler la croissance de l'emploi en libéralisant les échanges commerciaux avec l'UE et de favoriser l'investissement dans les zones économiques spéciales (OCDE, 2017[77]).

Le ministère jordanien du Travail a supprimé certains frais et documents obligatoires pour faciliter l'accès des réfugiés syriens à l'emploi formel. En février 2017, il a accordé à ceux qui sont hébergés dans les camps le droit d'obtenir des permis pour travailler n'importe où dans le pays. En août 2017, l'OIT et le HCR ont établi l'agence pour l'emploi de Zaatari, qui offre des services de placement aux résidents du camp, les informe sur les possibilités de formation et d'orientation, et leur permet d'enregistrer leur permis de travail (HCR, 2017[78]).

Les donneurs doivent œuvrer avec les États et les partenaires à l'amélioration de l'accès aux droits des populations touchées. Cela suppose une évolution vers une plus grande jouissance de tous les droits jusqu'à ce qu'une solution globale et pérenne soit trouvée. Les solutions globales se déclinent en composantes juridiques, économiques, sociales, culturelles, politiques et civiles, qui doivent toutes être prises en compte pour aboutir à des solutions durables.

Les donneurs et les partenaires doivent œuvrer de concert dès le début d'une crise pour élaborer des stratégies qui tracent le contour d'une solution à long terme et définissent les changements nécessaires pour la réaliser. Elle demande un engagement pluriannuel, collaboratif et inclusif, qui fasse intervenir une pluralité d'acteurs, dont les réfugiés et les déplacés internes eux-mêmes. Le Tableau 2.2 fournit aux donneurs un cadre de mesure des progrès accomplis dans la recherche de solutions globales pour l'intégration locale et une liste non exhaustive d'indicateurs.

Il est important de savoir quand les situations sont « prêtes pour un règlement ». Les solutions globales demandent, entre autres conditions préalables, une capacité d'encadrement pour définir, planifier et faire progresser la solution ; l'existence d'une ou de plusieurs solutions durables accessibles à la population déplacée ; le partage des responsabilités entre les donneurs ; une volonté politique dans les pays d'origine et d'asile ; des facteurs externes susceptibles de faciliter une solution, comme le changement politique ou les processus de paix. Les donneurs peuvent soutenir les efforts de paix en facilitant le dialogue politique.

La réalisation de solutions globales pour les populations déplacées demandera une plus grande transparence de la planification, de la mise en œuvre et de l'évaluation des processus qui accompagnent les solutions durables, à savoir l'intégration, le retour, la réintégration et la réinstallation. Dans leur appui aux solutions globales, les donneurs doivent aussi ouvrir des voies juridiques complémentaires.

Tableau 2.2. Vers des solutions globales pour l'intégration locale

Composante	Description	Indicateurs
Juridique	Les réfugiés et les déplacés internes jouissent d'un éventail de droits progressivement élargi, pouvant aboutir à l'acquisition du droit de séjour permanent, puis de la nationalité dans le pays d'asile.	• Liberté de mouvement • Délivrance de papiers d'identité • Délivrance de permis de séjour et de travail • Nationalité officielle • Droit de séjour permanent
Économique	Les réfugiés et les déplacés internes peuvent participer à la vie active locale par le biais d'un emploi ou d'une activité indépendante, à la hauteur de leurs compétences, et atteindre un niveau d'autonomie comparable à celui de la population du pays d'accueil.	• Droit de travailler • Accès à la terre • Accès au financement ou au crédit • Accès à la formation aux moyens de subsistance • Accès aux permis d'exercice professionnel ou aux permis de travail
Sociale et culturelle	Les réfugiés et les déplacés internes sont acceptés par la population et l'État d'accueil ; ils ne craignent ni discriminations, ni intimidation, ni répression ; ils peuvent nouer et entretenir des liens sociaux dans la population d'accueil et participer pleinement à la vie sociale et culturelle.	• Mariage mixte • Création d'entreprises mixtes • Accès aux centres sociaux • Représentation des groupes ethniques, raciaux ou linguistiques dans les médias nationaux et ceux de la société civile • Accès aux services nationaux, ex. éducation et santé
Civile et politique	Les réfugiés et les déplacés internes peuvent de plus en plus participer à la société civile, y compris au cadre politico-administratif local et à l'administration centrale, mais aussi aux processus électoraux et aux consultations publiques.	• Participation aux structures de direction locale • Possibilité de voter • Inclusion dans les processus de prévention des conflits et d'établissement de la paix

Source : OCDE (2017[76]), *Addressing Forced Displacement through Development Planning and Co-operation : Guidance for Donor Policy Makers and Practitioners*, https://dx.doi.org/10.1787/9789264285590-en.

Quels enseignements avons-nous retenus sur la réintégration d'anciens réfugiés et autres immigrés vulnérables dans leur pays d'origine ?

Le déplacement de personnes fuyant les conflits, les catastrophes naturelles ou les zones économiquement défavorisées a fait peser une pression de plus en plus lourde sur les pays d'accueil. Si de nombreux demandeurs d'asile arrivés ces dernières années ont bénéficié ou bénéficieront au moins d'un statut protégé temporaire, un nombre important de demandes a été ou sera rejeté. Ce qui explique l'augmentation du nombre d'immigrés sans permis de résidence en règle dans les pays de l'OCDE et obligés de rentrer dans leur pays. En 2014, 200 000 demandes d'asile ont été rejetées par décision de première instance ; en 2017, ce chiffre dépassait 500 000. Aux demandeurs d'asile rejetés s'ajoutent d'autres immigrés vulnérables – tels que les victimes de la traite d'êtres humains et les mineurs non accompagnés – qui cherchent à rentrer dans leurs pays d'origine.

Face au malaise public grandissant et à la volonté de sauvegarde de l'état de droit, les pays de destination ont tout intérêt à faciliter le retour durable, dans des conditions de sécurité, des immigrés en situation irrégulière et autres personnes souhaitant rentrer dans leur pays d'origine, lorsque la situation sur le terrain le permet. À ce jour, ces efforts se sont principalement traduits par la négociation d'accords de réadmission des immigrés en situation irrégulière avec les pays d'origine et de transit, ainsi que des programmes dits d'aide au retour volontaire et à la réintégration (AVRR). L'AVRR suppose une aide financière et opérationnelle aux retours individuels, souvent en coopération avec des ONG et des organisations internationales. Le nombre de bénéficiaires de programmes pilotés par l'Organisation internationale pour les migrations (OIM) a plus que doublé entre 2014 et 2016, passant de 43 700 à 98 400, rappelant la montée en flèche des demandes d'asile et de la pression exercée par la migration irrégulière en Europe en 2014-15. Malgré un recul d'au moins un tiers (environ 72 200 en 2017) expliqué par la baisse du nombre de retours volontaires des pays européens, les chiffres restent nettement supérieurs à ceux de la période 2005-15, laissant prévoir une tendance durable (OIM, 2018[79]). Le plan d'action renouvelé de l'Union européenne (2017) (Commission européenne, 2017[80]) ambitionnait d'accroître les taux de retour, restés relativement stables depuis 2008, à environ 40 % (Graphique 2.9).

Il importe également de pouvoir prédire la demande d'aide au retour. Le Centre commun de recherche (CCR) de l'Union européenne a élaboré l'outil « Asylometer » qui observe, pour chaque nationalité et chaque État membre, la proportion de demandeurs d'asile par pays de nationalité ; la proportion de décisions d'asile en instance ; le taux de rejet de demandes d'asile. Conçu pour comparer la situation en matière d'asile dans tous les États membres, il peut faciliter l'estimation des ressources à affecter à l'aide au retour. Le Bureau européen d'appui en matière d'asile a également mis au point un système d'observation de la migration liée à l'asile (EASO, 2017[81]).

Bien que le retour des migrants en situation irrégulière constitue un élément essentiel des politiques migratoires, il est encore relativement rare dans le cas des pays de l'OCDE. Qui plus est, ceux qui ont recours à l'AVRR – contrairement à ce que son nom indique – sont normalement ceux qui sont obligés de partir ; il ne déclenche pas généralement une décision de retour. Un grand nombre des programmes de retour volontaire s'adressent aux immigrés en situation irrégulière dans le pays d'accueil, y compris ceux dont le visa a expiré ou dont la demande d'asile a été rejetée. Pourtant, même dans le cas des immigrés obligés de quitter le pays, les pays d'accueil préfèrent le retour volontaire au retour forcé parce qu'il facilite le rapatriement vers des pays avec lesquels aucun accord de réadmission n'a été conclu. Il est en outre plus simple et moins coûteux que la reconduite à la frontière. Par conséquent, certains pays de l'OCDE ont beaucoup recours aux AVRR, en particulier l'Allemagne (environ 30 000 retours en 2017), mais aussi la Grèce et la Belgique (OIM, 2018[79]).

L'AVRR est habituellement jugée réussie s'il n'y a pas de migration de retour, or un retour n'est durable que si les immigrés sont bien réintégrés dans leur pays d'origine, y compris dans la vie sociale, économique et culturelle. Pour cette raison, les indicateurs de retour réussi ne devraient pas reposer sur le nombre de rapatriés, mais plutôt sur la réussite des initiatives de réintégration.

Les résultats de la réintégration sont déterminés par un grand nombre de facteurs, et non pas seulement par la situation dans le pays d'origine. La réintégration peut être considérée comme les résultats de l'action conjuguée des ressources et facteurs individuels du rapatrié et des facteurs et mécanismes institutionnels. C'est dans ce dernier domaine que l'action gouvernementale peut être particulièrement efficace.

Parmi les facteurs individuels, la volonté de retour est un déterminant crucial des résultats de la réintégration. Même de mauvaises conditions de vie dans le pays de destination ne poussent pas forcément les demandeurs d'asile rejetés à vouloir rentrer dans un pays d'origine où règne une situation perçue comme hostile. L'aptitude des immigrés à rentrer dans leur pays d'origine et à se réintégrer dépend de la situation économique et politique dans ce dernier, notamment s'ils sont partis pour des raisons humanitaires. Si le pays d'origine est en paix et ne présente pas de danger pour le rapatrié, la réintégration a plus de chances de réussir.

La volonté de rentrer dans le pays d'origine dépend des rapports entre le rapatrié et la population d'origine. Les barrières au rapatriement, comme la honte et le sentiment d'échec, ne peuvent être surmontées qu'avec le soutien des familles et des populations locales. Aussi, les interventions des pouvoirs publics et les programmes de réintégration doivent prévoir un travail avec les communautés du pays d'origine pour mobiliser leur soutien et les aider à mieux comprendre la situation des rapatriés.

Ce travail avec les communautés locales s'impose également si les rapatriés bénéficient d'une aide qui n'est pas offerte au reste de la population, pour éviter le ressentiment de voisins n'ayant jamais émigré.

D'autres facteurs individuels, comme l'âge, le sexe, le niveau d'études et l'état matrimonial, peuvent entrer en jeu dans les résultats de la réintégration. Par exemple, les femmes ont parfois plus de mal à établir un moyen de subsistance que les hommes rapatriés, en particulier si elles n'ont pas de parents proches. En fonction des besoins du marché du travail local, toutes les compétences n'ont pas la même valeur dans toutes les régions, plus particulièrement entre les zones urbaines et les zones rurales. De nombreux programmes de réintégration favorisent les activités entrepreneuriales des rapatriés, mais les compétences individuelles et la situation économique locale entrent pour beaucoup dans la réussite ou l'échec de la recherche de travail.

Graphique 2.9. Nombre de ressortissants de pays tiers ayant reçu l'ordre de quitter le territoire, nombre de personnes rapatriées et taux de rapatriement (%) dans l'Union européenne, 2008-16

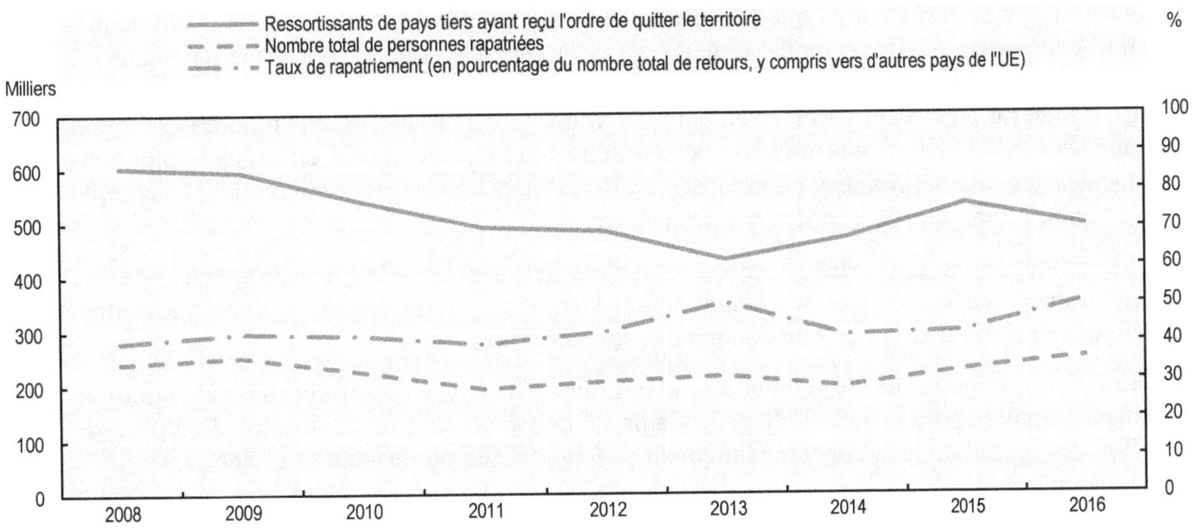

Source : Eurostat, 2018.

D'autres facteurs propres à certains groupes ont une incidence sur les résultats de la réintégration. En présence de tensions religieuses ou ethniques, la réintégration doit se faire dans des zones posant un moins grand risque d'exclusion des rapatriés et de discriminations à leur encontre. Enfin, le vécu individuel de l'émigration se répercute sur la réintégration. Dans le cas de la traite d'êtres humains, la peur de représailles demande que les rapatriés soient aidés pour éviter qu'ils ne redeviennent des victimes (OIM, 2015[82]). Les mineurs non accompagnés ont besoin de rétablir les liens avec leurs familles et d'être scolarisés ou de suivre une formation. Ces deux catégories de rapatriés ont besoin d'accompagnement médical et psychologique.

Les cadres institutionnels, dans le pays d'origine et dans le pays d'accueil, jouent un rôle majeur dans les résultats de la réintégration. La coopération entre les pays d'origine et de destination en matière de réintégration doit concilier des objectifs d'action publique divergents. Face au volume des dossiers de rapatriement à gérer, ainsi qu'au grand nombre de réfugiés à protéger et à intégrer, les pays de destination peuvent avoir des difficultés à mobiliser les ressources financières et le soutien public nécessaires à des programmes de réintégration à long terme. La réflexion stratégique sur la suite à donner aux demandes de protection rejetées a commencé à progresser au cours des trois à cinq dernières années.

Pour les pays d'origine – en particulier les pays moins développés et ceux qui connaissent un afflux massif de migrants rapatriés, l'accueil et la réintégration de ces derniers ne sont pas sans poser de problèmes, notamment de capacité d'absorption et d'opinion publique. L'accueil et la réintégration de ces migrants rapatriés peuvent, par conséquent, être une problématique de relativement faible priorité, surtout dans les contextes d'instabilité politique et économique. Les États confrontés à un taux de chômage élevé sont moins désireux d'accueillir des rapatriés, en particulier s'ils arrivent avec peu de capital financier ou sont peu qualifiés. Les situations dans lesquelles l'État ou la société civile ignorent ouvertement les rapatriés – ceux qui étaient déjà marginalisés avant d'émigrer, mais aussi ceux dont le retour est considéré comme un échec dans le pays de destination – sont encore plus problématiques. Enfin, plusieurs pays où sont présentes d'importantes diasporas ont commencé à s'occuper de leurs rapatriés et leur offrent une aide à la réintégration pour renforcer leur impact sur l'économie locale et la société. Cependant, ces efforts s'adressent surtout aux émigrés autres que les réfugiés (ex. les étudiants et les émigrés ayant acquis une expérience professionnelle sérieuse à l'étranger). Ce sont encore principalement les organisations internationales ou les agences de développement qui offrent des programmes de réintégration ciblant spécifiquement les réfugiés et autres immigrés vulnérables, et non pas les pays d'origine eux-mêmes. Pour réduire le risque de conflit entre les populations locales des pays d'origine et les rapatriés, l'effort d'appui doit également prendre en compte les populations sur place, qui n'ont pas émigré.

La réintégration peut être prise en considération dès le début du processus d'asile, notamment en conseillant les demandeurs d'asile sur la réintégration dans les centres d'accueil avant même que leurs demandes soient réglées.

Enfin, les programmes de réintégration sont plus efficaces s'ils offrent une aide continue dans le pays après le retour. Il peut s'agir de conseils sur les possibilités d'emploi, de formation et d'études, d'accompagnement psychologique ou de soutien financier.

Notes

[1] Les compétences des élèves se fondent sur les évaluations PISA (Programme international pour le suivi des acquis des élèves) des élèves âgés de 15 ans.

Références

Akgündüz, Y. et S. Heijnen (2018), « Impact of Funding Targeted Pre-school Interventions on School Readiness: Evidence from the Netherlands », *De Economist*, vol. 166/2, pp. 155–178, http://dx.doi.org/10.1007/s10645-018-9314-2. [27]

Åslund, O., L. Hensvik et O. Skans (2014), « Seeking Similarity: How Immigrants and Natives Manage in the Labor Market », *Journal of Labor Economics*, http://dx.doi.org/10.1086/674985. [16]

Banque mondiale (2018), *Asylum Seekers in the European Union: Building Evidence to Inform Policy Making*, Banque mondiale, Washington D.C., http://documents.worldbank.org/curated/en/832501530296269142/pdf/127818-V1-WP-P160648-PUBLIC-Disclosed-7-2-2018.pdf (consulté le 14 novembre 2018). [8]

Betts, A., N. Omata et L. Bloom (2017), « Thrive or Survive: Explaining Variation in Economic Outcomes for Refugees », *Journal on Migration and Human Security*, vol. 5/4, pp. 716-743. [67]

Bevelander, P. (2011), « The Employment Integration of Resettled Refugees, Asylum Claimants, and Family Reunion Migrants in Sweden », *Refugee Survey Quarterly*, vol. 30/1, pp. 22-43, http://dx.doi.org/10.1093/rsq/hdq041. [72]

Blossfeld, H. et al. (dir. pub.) (2017), *Effectiveness of Dutch targeted preschool education policy for disadvantaged children: Evidence from the pre-COOL study*, Edward Elgar, http://dx.doi.org/10.4337/9781786432094. [28]

Bonfanti, S. et T. Xenogiani (2014), « Compétences des migrants : utilisation et inadéquation des compétences et performances sur le marché du travail. Une première exploitation des données issues de l'évaluation des compétences des adultes (PIAAC) », dans *Gérer les migrations économiques pour mieux répondre aux besoins du marché du travail*, Éditions OCDE, Paris, https://dx.doi.org/10.1787/9789264217027-11-fr. [11]

Bratt, R. (2016), « Affordable Rental Housing Development in the For-Profit Sector: A Case Study of McCormack Baron Salazar », n° March 2016, Harvard Joint Center for Housing Studies, Cambridge, http://jchs.harvard.edu (consulté le 14 novembre 2018). [36]

Brücker, H. (2016), *Forced migration, arrival in Germany, and first steps toward integration*, https://www.bamf.de/SharedDocs/Anlagen/EN/Publikationen/Kurzanalysen/kurzanalyse5_iab-bamf-soep-befragung-gefluechtete.pdf?__blob=publicationFile (consulté le 15 février 2018). [4]

Brücker, H., N. Rother et J. Schupp (2017), *IAB-BAMF-SOEP-Befragung von Geflüchteten 2016*, http://www.diw.de/sixcms/detail.php?id=diw_01.c.574033.de (consulté le 17 septembre 2018). [6]

Bundes Psychoterapeuten Kammer (BPtK, chambre fédérale des psychothérapeutes) (2015), *BPtK-Standpunkt: Psychische Erkrankungen bei Flüchtlingen*, https://www.bptk.de/uploads/media/20150916_BPtK-Standpunkt_psychische_Erkrankungen_bei_Fluechtlingen.pdf (consulté le 31 août 2018). [40]

Collins, J. (2016), *From Refugee to Entrepreneur in Sydney in Less Than Three Years*, UTS Business School, https://www.ssi.org.au/images/stories/documents/Ignite/SSI_Ignite_evaluation_report_2017.pdf. [68]

Comité régional de l'OMS pour l'Europe (2016), *Stratégie et plan d'action sur la santé des réfugiés et des migrants dans la Région européenne de l'OMS*, Bureau régional de l'OMS pour l'Europe, Copenhague, http://www.euro.who.int/__data/assets/pdf_file/0010/315847/66wd08f_MigrantHealthStrategyActionPlan_160424.pdf?ua=1 (consulté le 31 août 2018). [44]

Commission de la santé mentale du Canada (2016), *Appuyer la santé mentale des réfugiés au Canada*, Commission de la santé mentale du Canada, Ottawa, https://www.mentalhealthcommission.ca/sites/default/files/2016_-_sante_mental_des_refugies_0.pdf (consulté le 7 septembre 2018). [43]

Commission européenne (2017), « Communication de la Commission au Parlement européen et au Conseil relative à une politique plus efficace de l'Union européenne en matière de retour - Plan d'action renouvelé, », -, n° COM(2017) 200 final, Commission européenne, Bruxelles, https://eur-lex.europa.eu/legal-content/FR/TXT/PDF/?uri=CELEX:52017DC0200&from=EN (consulté le 17 septembre 2018). [80]

Commission européenne (2013), *Study on educational support for newly arrived migrant children: Final Report*, Bureau des publications de l'Union européenne, Luxembourg, http://dx.doi.org/10.2766/41204. [22]

Crul, M. et al. (2017), « The multiplier effect: how the accumulation of cultural and social capital explains steep upward social mobility of children of low-educated immigrants », *Ethnic and Racial Studies*, vol. 40/2, pp. 321-338, http://dx.doi.org/10.1080/01419870.2017.1245431. [18]

EASO (2017), *Quantitative assessment of asylum-related migration: a survey of methodology*, Office des publications de l'Union européenne, Luxembourg, http://dx.doi.org/10.2847/642161. [81]

EMN (2015), *Integration of beneficiaries of international/humanitarian protection into the labour market: policies and good practices, Synthesis Report for the EMN Focussed Study 2015, based on the National Contributions from 24 Member States*, Commission européenne, https://ec.europa.eu/home-affairs/sites/homeaffairs/files/what-we-do/networks/european_migration_network/reports/docs/emn-studies/emn-studies-00_integration_of_beneficiaries_of_international_protection__eu_2015_en_final.pdf (consulté le 14 novembre 2018). [34]

EU-FRA (2016), *Thematic focus: Children | European Union Agency for Fundamental Rights*, Agence des droits fondamentaux de l'Union européenne, http://fra.europa.eu/en/theme/asylum-migration-borders/overviews/focus-children (consulté le 6 septembre 2018). [47]

Galera, G. et al. (2018), « Integration of Migrants, Refugees and Asylum Seekers in Remote Areas with Declining Populations », *Documents de travail de l'OCDE sur le développement économique et la création locale d'emplois*, n° 2018/03, Éditions OCDE, https://dx.doi.org/10.1787/84043b2a-en. [32]

Galera, G., L. Giannetto et A. Noya (2018), « The Role of Non-state Actors in the Integration of Refugees and Asylum Seekers », *Documents de travail de l'OCDE sur le développement économique et la création locale d'emplois*, n° 2018/02, Éditions OCDE, https://dx.doi.org/10.1787/434c3303-en. [70]

Green, D. et al. (2016), « Immigration, propriété d'entreprises et emploi au Canada », *série Direction des études analytiques : documents de recherche*, n° 375, Statistique Canada, Ottawa. [61]

Hainmueller, J., D. Hangartner et D. Lawrence (2016), « When lives are put on hold: Lengthy asylum processes decrease employment among refugees », *Science Advances*, vol. 2/8, pp. e1600432-e1600432, http://dx.doi.org/10.1126/sciadv.1600432. [33]

HCR (2018), *Global Trends: Forced Displacement in 2017*, http://www.unhcr.org/5b27be547.pdf (consulté le 30 août 2018). [75]

HCR (2017), *Assets of Refugees in Zataari camp: A Profile of Skills*, HCR. [9]

HCR (2017), *Assets of Refugees in Zataari camp: A Profile of Skills*, HCR, http://www.unhcr.orghttp://data.unhcr.org/syrianrefugees/regional.php-www.facebook.com/UNHCRJordan-twitter.com/ (consulté le 16 novembre 2018). [78]

Hiebert, D. (2009), « The Economic Integration of Immigrants in Metropolitan Vancouver », *IRPP Choices*, vol. 15/7, http://irpp.org/wp-content/uploads/assets/research/diversity-immigration-and-integration/the-economic-integration-of-immigrants-in-metropolitan-vancouver/vol15no7.pdf (consulté le 9 septembre 2018). [65]

ICMC (2011), *Paving the Way: A Handbook on the Reception and Integration of Resettled Refugees*, http://www.refworld.org/docid/543f83494.html (consulté le 17 septembre 2018). [73]

Jenkinson, R. et al. (2016), *Settlement experiences of recently arrived humanitarian migrants*, Australian Institute of Family Studies, https://aifs.gov.au/sites/default/files/publication-documents/bnla-fs1-settlement-experiences.pdf (consulté le 15 février 2018). [5]

Klaver, J. et I. van der Welle (2009), *VluchtelingenWerk Integratiebarometer 2009 en onderzoek naar de integratie van vluchtelingen in Nederland.*, VluchtelingenWerk Nederland, Rotterdam, https://www.regioplan.nl/publicaties/rapporten/vluchtelingenwerk_integratiebarometer_2009_een_onderzoek_naar_de_integratie_van_vluchtelingen_in_nederland (consulté le 17 septembre 2018). [74]

Liebig, T. et K. Tronstad (2018), « Triple Disadvantage?: A first overview of the integration of refugee women », *Documents de travail de l'OCDE sur les affaires sociales, l'emploi et les migrations*, n° 216, Éditions OCDE, Paris, https://dx.doi.org/10.1787/3f3a9612-en. [51]

Matthews, J. (2008), « Schooling and settlement: refugee education in Australia », *International Studies in Sociology of Education*, vol. 18/1, pp. 31-45, http://dx.doi.org/10.1080/09620210802195947. [19]

McBrien, J. (2005), *Educational Needs and Barriers for Refugee Students in the United States: A Review of the Literature*, American Educational Research Association, http://dx.doi.org/10.2307/3515985. [21]

Médecins Sans Frontières (2017), *Confronting the mental health emergency on Samos and Lesvos*, Médecins Sans Frontières, Athènes, https://www.msf.org/sites/msf.org/files/2018-06/confronting-the-mental-health-emergency-on-samos-and-lesvos.pdf (consulté le 31 août 2018). [41]

Nilsson, J. et N. Bunar (2016), « Educational Responses to Newly Arrived Students in Sweden: Understanding the Structure and Influence of Post-Migration Ecology », *Scandinavian Journal of Educational Research*, vol. 60/4, pp. 399-416, http://dx.doi.org/10.1080/00313831.2015.1024160. [26]

OCDE (2018), « Entrepreneurship as a Pathway for Integration for Refugees and Vulnerable Migrants », n° CFE/LEED(2018)24, OCDE, Paris. [62]

OCDE (2018), « How resilient were OECD health care systems during the "refugee crisis"? », *Migration Policy Debates* 17. [39]

OCDE (2018), *La résilience des élèves issus de l'immigration : Les facteurs qui déterminent le bien-être (Version abrégée)*, Examens de l'OCDE sur la formation des migrants, Éditions OCDE, Paris, https://dx.doi.org/10.1787/9789264085336-fr. [17]

OCDE (2018), *Skills on the Move: Migrants in the Survey of Adult Skills*, Études de l'OCDE sur les compétences, Éditions OCDE, Paris, https://dx.doi.org/10.1787/9789264307353-en. [10]

OCDE (2018), « The Role of Non-state Actors in the Integration of Refugees and Asylum Seekers », n° CFE/LEED(2018)23, OCDE, Paris. [83]

OCDE (2018), *Working Together for Local Integration of Migrants and Refugees*, Éditions OCDE, Paris, https://dx.doi.org/10.1787/9789264085350-en. [56]

OCDE (2018), *Working Together: Skills and Labour Market Integration of Immigrants and their Children in Finland*, Éditions OCDE, Paris, https://dx.doi.org/10.1787/9789264305250-en. [58]

OCDE (2017), *Addressing Forced Displacement through Development Planning and Co-operation : Guidance for Donor Policy Makers and Practitioners*, Les outils de l'OCDE pour le développement, Éditions OCDE, Paris, https://dx.doi.org/10.1787/9789264285590-en. [76]

OCDE (2017), *Assessing the contribution of refugees to the development of their host countries*, OCDE, Paris, http://www.oecd.org/officialdocuments/publicdisplaydocumentpdf/?cote=DEV/DOC(2017)1 &docLanguage=En (consulté le 16 novembre 2018). [77]

OCDE (2017), *Comment va la vie ? 2017 : Mesurer le bien-être*, Éditions OCDE, Paris, https://dx.doi.org/10.1787/how_life-2017-fr. [2]

OCDE (2017), *Finding the way: A discussion of the Finnish migrant integration system*, OCDE, Paris, http://www.oecd.org/migration/mig/Finding-the-Way-Finland.pdf (consulté le 6 septembre 2018). [59]

OCDE (2017), *Finding their Way: Labour market integration of refugees in Germany*, Éditions OCDE. [7]

OCDE (2017), *How does having immigrant parents affect the outcomes of children in Europe? Débats sur les politiques migratoires, n° 14*, Éditions OCDE, Paris, http://www.oecd.org/els/mig/How-does-having-immigrant-parents-affect-the-outcomes-of-children-in-Europe.pdf (consulté le 6 septembre 2018). [54]

OCDE (2017), *Making Integration Work: Assessment and Recognition of Foreign Qualifications*, Making Integration Work, Éditions OCDE, Paris, https://dx.doi.org/10.1787/9789264278271-en. [45]

OCDE (2017), *Making Integration Work: Family Migrants*, Making Integration Work, Éditions OCDE, Paris, https://dx.doi.org/10.1787/9789264279520-en. [53]

OCDE (2017), *Panorama de l'entrepreneuriat 2017*, Éditions OCDE, Paris, https://dx.doi.org/10.1787/entrepreneur_aag-2017-fr. [60]

OCDE (2017), *Perspectives des migrations internationales 2017*, Éditions OCDE, Paris, https://dx.doi.org/10.1787/migr_outlook-2017-fr. [69]

OCDE (2017), *Petite enfance, grands défis V : Cap sur l'école primaire*, Petite enfance, grands défis, Éditions OCDE, Paris, https://dx.doi.org/10.1787/9789264300620-fr. [29]

OCDE (2017), *Vers un rattrapage ? La mobilité intergénérationnelle et les enfants d'immigrés*, Éditions OCDE, Paris, https://dx.doi.org/10.1787/9789264189744-fr. [52]

OCDE (2017), *Who bears the cost of integrating refugees? Débats sur les politiques migratoires, n° 13*, OCDE, Paris, https://www.oecd.org/els/mig/migration-policy-debates-13.pdf (consulté le 6 septembre 2018). [57]

OCDE (2016), *Les clés de l'intégration : Les réfugiés et autres groupes nécessitant une protection*, Making Integration Work, Éditions OCDE, Paris, https://dx.doi.org/10.1787/9789264258365-fr. [31]

OCDE (2016), *Perspectives des migrations internationales 2016*, Éditions OCDE, Paris, https://dx.doi.org/10.1787/migr_outlook-2016-fr. [37]

OCDE (2016), *Working Together: Skills and Labour Market Integration of Immigrants and their Children in Sweden*, Éditions OCDE, Paris, https://dx.doi.org/10.1787/9789264257382-en. [48]

OCDE (2014), « L'intégration des immigrés et de leurs enfants sur le marché du travail : développer, mobiliser et utiliser les compétences », dans *Perspectives des migrations internationales 2014*, Éditions OCDE, Paris, https://dx.doi.org/10.1787/migr_outlook-2014-5-fr. [12]

OCDE (2008), *Les migrants et l'emploi (Vol. 2) : L'intégration sur le marché du travail en Belgique, en France, aux Pays-Bas et au Portugal*, Éditions OCDE, Paris, https://dx.doi.org/10.1787/9789264055711-fr. [55]

OCDE (2008), « Partie III - Les migrations de retour : un nouveau regard », dans *Perspectives des migrations internationales 2008*, Éditions OCDE, Paris, https://dx.doi.org/10.1787/migr_outlook-2008-7-fr. [84]

OCDE (2007), « Adéquation entre formation et emploi : un défi pour les immigrés et les pays d'accueil », dans *Perspectives des migrations internationales 2007*, Éditions OCDE, Paris, https://doi.org/10.1787/migr_outlook-2007-fr. [14]

OCDE (2007), *Jobs for Immigrants (Vol. 1): Labour Market Integration in Australia, Denmark, Germany and Sweden*, Éditions OCDE, Paris, https://dx.doi.org/10.1787/9789264033603-en. [71]

OCDE (2006), *Perspectives des migrations internationales 2006*, Éditions OCDE, Paris, https://dx.doi.org/10.1787/migr_outlook-2006-fr. [50]

OCDE/Commission européenne (2013), *Pallier la pénurie d'entrepreneurs : Politiques d'entrepreneuriat inclusif en Europe*, Éditions OCDE, Paris, https://dx.doi.org/10.1787/9789264188211-fr. [63]

OCDE/UE (2018), *Indicators of Immigrant Integration 2018: Settling In*, Éditions OCDE. [3]

OCDE/UE (2015), *Les indicateurs de l'intégration des immigrés 2015 : Trouver ses marques*, Éditions OCDE, Paris/UE, Bruxelles, https://dx.doi.org/10.1787/9789264233799-fr. [13]

OIM (2018), *Assisted Voluntary Return and Reintegration 2017 - Key Highlights*. [79]

OIM (2015), *Améliorer le retour et la réinsertion surs et dignes des personnes victimes de la traite*, Organisation internationale pour les migrations, Paris, https://publications.iom.int/system/files/pdf/essrrvt_fr.pdf (consulté le 18 septembre 2018). [82]

OMS/Europe, W. (2016), *Toolkit for assessing health system capacity to manage large influxes of refugees, asylum-seekers and migrants*, Bureau régional de l'OMS pour l'Europe, Copenhague, http://www.euro.who.int/fr/publications/request-forms (consulté le 31 août 2018). [42]

Picot, G. et A. Sweetman (2011), « Canadian Immigration Policy and Immigrant Economic Outcomes: Why the Differences in Outcomes between Sweden and Canada? », *IZA Policy Papers*, https://ideas.repec.org/p/iza/izapps/pp25.html (consulté le 18 septembre 2018). [15]

Rath, J. et al. (2011), *Promoting ethnic entrepreneurship in European cities*, Union européenne, Luxembourg, https://www.coe.int/t/democracy/migration/Source/migration/congress_public_3.pdf (consulté le 9 septembre 2018). [64]

REM (2018), *Approaches to Unaccompanied Minors Following Status Determination in the EU plus Norway: EMN Synthesis Report*, Réseau européen des migrations, Bruxelles, https://ec.europa.eu/home-affairs/what-we-do/networks/ (consulté le 14 novembre 2018). [49]

REM (2014), *Synthesis Report – The Organisation of Reception Facilities for Asylum Seekers in different Member States*, https://ec.europa.eu/home-affairs/sites/homeaffairs/files/what-we-do/networks/european_migration_network/reports/docs/emn-studies/emn_second_focussedstudy2013_oganisation_of_reception_facilities_final_version_2 8feb2014.pdf (consulté le 4 septembre 2018). [30]

Rezaei, S., M. Goli et S. Møballe (2006), *Indvandreres tætte netværk: Katalysator eller hæmsko for innovation og vækst? – Et studie af formelle og uformelle netværksrelationers betydning for dynamikken i indvandrerejede virksomheder : Hovedrapport & Policyanbefalinger*, https://forskning.ruc.dk/da/publications/indvandreres-t%C3%A6tte-netv%C3%A6rk-katalysator-eller-h%C3%A6msko-for-innovatio (consulté le 7 septembre 2018). [66]

Salvi del Pero, A. et al. (2016), « Policies to promote access to good-quality affordable housing in OECD countries », *Documents de travail de l'OCDE sur les affaires sociales, l'emploi et les migrations*, n° 176, Éditions OCDE, Paris, https://dx.doi.org/10.1787/5jm3p5gl4djd-en. [35]

Scanlon, K., M. Fernández Arrigoitia et C. Whitehead (2015), « Social housing in Europe. European Policy Analysis », *European Policy Analysis*, vol. 17, pp. 1-12, http://www.sieps.se (consulté le 4 septembre 2018). [38]

Sirin, S. et L. Rogers-Sirin (2015), *The educational and mental health needs of Syrian refugee children*, https://www.migrationpolicy.org/sites/default/files/publications/FCD-Sirin-Rogers-FINAL.pdf (consulté le 9 septembre 2018). [24]

SNIS (2015), *The children of refugees in Europe: aspirations, social and economic lives, identity and transnational linkages - Country reports*, Réseau suisse pour les études internationales, Genève, http://www.academia.edu/34705288/The_children_of_refugees_in_Europe_aspirations_socia l_and_economic_lives_identity_and_transnational_linkages_-_Country_reports (consulté le 3 septembre 2018). [23]

Suárez-Orozco, C. et al. (2011), « Growing Up in the Shadows: The Developmental Implications of Unauthorized Status », *Harvard Educational Review*, vol. 81/3, pp. 438-473, http://dx.doi.org/10.17763/haer.81.3.g23x203763783m75. [25]

UE/OCDE (2016), « How are refugees faring on the labour market in Europe? - EU Law and Publications », n° 1/2016, Commission européenne, Bruxelles, http://dx.doi.org/10.2767/350756. [1]

UNICEF (2017), *A child is a child: Protecting children on the move from violence, abuse and exploitation*, http://www.unicef.org/publications/index_95956.html. [46]

Wilkinson, L. (2002), « Factors Influencing the Academic Success of Refugee Youth in Canada », *Journal of Youth Studies*, vol. 5/2, pp. 173-193, http://dx.doi.org/10.1080/13676260220134430.   [20]

Chapitre 3. Anticiper, suivre et réagir aux afflux de réfugiés et d'autres immigrés vulnérables

Les lacunes en termes de collecte, de diffusion et d'utilisation des informations entravent l'action des pouvoirs publics qui doivent gérer les afflux de réfugiés et d'autres migrants vulnérables et accompagner leur intégration. Ce chapitre cherche à déterminer comment les systèmes peuvent mieux anticiper les besoins et comment assurer le suivi des résultats sur la durée.

Les systèmes d'alerte précoce pourront-ils prévenir une crise en présence de futurs afflux massifs ?

Le monde a été pris largement au dépourvu par les mouvements migratoires de masse en provenance du Moyen-Orient et d'Afrique en 2015-16, même si les signes précurseurs n'ont pas manqué (OCDE, 2018[1]). Les signes avant-coureurs de la multiplication des demandes d'asile dans d'autres régions du monde n'ont pas non plus été adéquatement captés. La mise en place d'un système d'alerte précoce demande des investissements et la collaboration des intéressés. Plusieurs facteurs peuvent être pris en compte dans l'élaboration d'une plateforme (OCDE, 2018[1]).

Premièrement, les systèmes d'alerte précoce basés sur l'observation des flux en temps réel supposent un partage important de ressources et d'informations entre les pays, ainsi que des renseignements à jour sur le fonctionnement et l'évolution des réseaux de passeurs.

Deuxièmement, les systèmes d'alerte précoce supposent une bonne compréhension des éléments déclencheurs pour minimiser les risques de passer à côté de signes pertinents (les faux négatifs) et d'exagérer des signes sans intérêt (les faux positifs).

Reliés à des analyses spécifiques des diasporas et des réseaux sociaux, les systèmes d'alerte précoce peuvent capter l'ampleur des poussées migratoires imminentes et leur destination.

Les nouvelles données permettent d'élargir la fourchette de signes à prendre en compte. Grâce aux mégadonnées – leur grand volume, leur grande vélocité et leur grande variété – une nouvelle analyse peut être employée dans l'élaboration de systèmes d'alerte précoce. Les sources d'information fondées sur la communication : réseaux sociaux, recherches sur l'internet, applications de téléphones intelligents et autres adresses IP de connexions sur des sites et de comptes de messagerie électronique, ainsi que les relevés d'appels téléphoniques apportent tous de l'eau au moulin de l'analyse. La géolocalisation multiplie encore les possibilités de ces méthodes, mais aussi les risques liés à la protection de la vie privée et de la confidentialité (Encadré 3.1).

Encadré 3.1. Utilisation des mégadonnées dans les systèmes d'alerte précoce pour détecter les risques de migration forcée

Les projets Gdlet et Google Analytics sont deux exemples d'utilisation des mégadonnées pour l'alerte précoce. Gdelt cerne les tendances mondiales et les risques sociaux, politiques et économiques en devenir dans le monde entier. En surveillant l'actualité dans plus de 100 langues, Gdelt suit des événements, des lieux, des organisations, des personnes, etc. La fréquence de recherche de mots-clés dans Google Analytics révèle ceux qui ont été recherchés en grand nombre, ainsi que la langue et le lieu d'origine des recherches. (Böhme, Gröger and Stöhr, 2017[2]; Connor, 2017[3]) ont constaté que, dans certaines conditions, les données de recherche permettent des prévisions de flux migratoires.

Source : OCDE (2018[1]), "Can we anticipate future migration flows? Débats sur les politiques migratoires n° 16", http://www.oecd.org/migration/mig/migration-policy-debate-16.pdf.

Les méthodes de prospective axées sur des catégories ou des couloirs migratoires précis peuvent éclairer l'action publique à condition que l'horizon temporel ne soit pas trop éloigné (moins de 10 à 15 ans), ce qui risquerait de limiter leur intérêt aux yeux des décideurs. Cependant, les exercices à plus longue échéance peuvent contribuer à l'établissement d'un consensus autour des enjeux et des objectifs à long terme, et aider à parer les instruments d'action pour l'avenir.

En raison des limitations et de l'incertitude des données, les outils de modélisation des flux de migration forcée sont gourmands en ressources et relativement fragiles, notamment dans le contexte de grands chocs extérieurs. Cependant, si les investissements peuvent être mutualisés et les résultats entièrement intégrés dans un système d'intervention multidimensionnel/interministériel, ces outils pourraient être avantageux.

Un plus gros effort pourrait être consenti pour mieux coordonner la collecte des données servant aux prévisions, ainsi que l'échange des données à l'intérieur et à l'extérieur de l'Union européenne, avec les pays de transit et les autres pays de l'OCDE.

Quel que soit le système adopté, les décideurs doivent pouvoir se fier à l'information pour réagir rapidement, en pleine connaissance des incertitudes – parce que la prospective contiendra toujours des incertitudes.

Il convient en outre de dresser systématiquement un bilan après les grandes crises et les chocs majeurs aux niveaux national et régional, pour améliorer les mesures prises en conséquence et le degré de préparation. Une récente leçon clé est que, même si des systèmes d'information étaient en place avant 2015/2016, les décideurs politiques n'ont pas toujours réagi aux indications fournies.

Quelles données faut-il améliorer pour mieux suivre les résultats d'intégration et éclairer les actions dans ce domaine ?

S'il est vrai que les données sur les flux et stocks se sont progressivement améliorées, il reste fort à faire pour que les résultats d'intégration des réfugiés et autres immigrés vulnérables soient mieux observés, mais aussi pour que ces données d'observation soient prises en compte dans l'évaluation et l'élaboration de politiques d'intégration. Un récent forum international sur les statistiques, à l'OCDE, pointait les lacunes des statistiques sur les réfugiés et autres immigrés en situation de vulnérabilité (Encadré 3.2).

La mesure du bien-être selon le statut migratoire – par exemple en séparant les réfugiés des autres catégories de migrants – est très difficile pour ceux qui recueillent des statistiques officielles. Les sources de données administratives incluent souvent des informations sur le statut migratoire, mais les enquêtes auprès des ménages sont l'outil le plus approprié pour mesurer le bien-être dans plusieurs dimensions – cela dit, les enquêtes auprès des ménages recensent rarement les immigrés par catégorie d'entrée. De plus, un échantillon approprié pour la population globale risque ne pas être suffisant pour recueillir des informations sur les catégories migratoires. Étant donné que les immigrés constituent généralement une proportion relativement faible de la population des pays de l'OCDE, qu'ils ont tendance à vivre dans des zones géographiquement isolées du pays, les échantillons pourraient être trop petits.

Les recensements et les fichiers informatiques contenant les informations les plus détaillées sur les immigrés (origine, raison de l'immigration et principales variables démographiques) n'incluent que rarement des données sur l'intégration autres que le revenu, la situation au regard de l'emploi et l'éducation. Certains pays de l'OCDE, comme l'Australie et le Canada, utilisent des ensembles de données intégrés qui relient les données administratives aux recensements ou autres enquêtes.

Le besoin de données sur le devenir des immigrés plus détaillées et granulaires que celles trouvées dans les enquêtes suppose un échantillon suffisamment important et l'inclusion de questions supplémentaires pour distinguer les différentes sous-catégories. L'adaptation de la méthodologie des enquêtes existantes, par exemple en augmentant la taille des échantillons, améliorera la représentativité de l'échantillon (Šteinbuka, 2009[4]).

Il convient en outre de penser à mieux concevoir les enquêtes, afin de réduire le taux de non-réponses. L'Enquête sur les forces de travail de l'Union européenne (EFT-UE) et les Statistiques de l'Union européenne sur le revenu et les conditions de vie (EU-SILC) ont récemment inclus des modules ponctuels sur les revenus des immigrés. Ce type d'expériences peut éclairer l'amélioration de la mesure des revenus des immigrés dans d'autres enquêtes et d'autres pays.

La production de données plus détaillées et granulaires sur le devenir des immigrés suppose par ailleurs l'inclusion de questions d'enquête supplémentaires, qui permettent de distinguer les différentes sous-catégories de population. En plus des importantes variables démographiques et socioéconomiques généralement incluses dans les enquêtes auprès des ménages (ex. âge, sexe, niveau d'études), quelques questions concernant spécifiquement les immigrés devraient être envisagées : pays de naissance, durée du séjour, raisons de la migration. Les expériences de pays qui utilisent déjà ces variables – par exemple, depuis 2017, l'enquête allemande sur la force de travail comprend une question sur les raisons de la migration – pourraient livrer des enseignements utiles pour d'autres.

Dans les cas où modifier la méthodologie d'une enquête existante serait trop difficile, et lorsque les ressources le permettent, on peut envisager d'élaborer une enquête spéciale et ciblée sur le devenir des immigrés.

Des moyens spéciaux sont nécessaires pour veiller à ce que la collecte de données englobe et permette de distinguer les immigrés les plus vulnérables, en particulier ceux que les enquêtes types auprès des ménages ont peu de chances d'atteindre. Certains pays savent aujourd'hui mieux cibler des catégories précises de migrants dont le bien-être pourrait être plus particulièrement menacé. C'est le cas de l'Australie, dont l'enquête « Building a New Life in Australia » (Une nouvelle vie en Australie) est axée sur le vécu des migrants humanitaires récemment arrivés.

Plus de données longitudinales sont nécessaires pour comprendre l'évolution dans le temps de différents résultats des immigrés individuels en matière de bien-être. Il conviendrait, dans la mesure du possible, d'augmenter le nombre d'enquêtes longitudinales nationales sur les résultats des immigrés, mais aussi de les harmoniser pour faciliter la comparaison internationale des données au long terme.

Encadré 3.2. Le Forum international sur les statistiques des migrations

Pour combler les lacunes dans les connaissances et les statistiques au sujet des migrations, le tout premier Forum international sur les statistiques des migrations s'est tenu les 15 et 16 janvier 2018 à l'OCDE (www.oecd.org/migration/forum-migration-statistics). Le débat a porté en grande partie sur les réfugiés et les immigrés en situation de vulnérabilité. Plus de 500 personnes de la quasi-totalité des pays de l'OCDE et d'un grand nombre de pays non-membres ont participé à l'événement ; 240 intervenants figuraient au programme. Certains des orateurs prestigieux venaient d'organisations partenaires (OIM et Nations Unies) et d'instituts nationaux de statistique (ONS). Les conclusions ont été publiées par l'OCDE dans une note d'information réalisée en collaboration avec l'Organisation internationale pour les migrations et le Département des affaires économiques et sociales des Nations Unies (2018[5]).

Par ailleurs, un Appel à l'action – « La protection des enfants en déplacement commence par de meilleures données » – a été publié en février 2018 par l'Unicef, le HCR, l'OIM, Eurostat et l'OCDE (2018[6]). La publication est née du constat de l'absence de données sur les enfants en déplacement ou de leur trop mauvaise qualité : leur âge et leur sexe ; leur pays d'origine ; leur destination ; s'ils sont seuls ou accompagnés par leurs familles ; leur situation en chemin ; leurs vulnérabilités. Ces importantes lacunes dans les informations sur les enfants doivent être comblées.

Références

Böhme, M., A. Gröger and T. Stöhr (2017), *Searching for a Better Life: Now-casting International Migration with Online Search Keywords*, https://www.wider.unu.edu/sites/default/files/STOEHR%2C%20Tobias_paper.pdf (accessed on 6 September 2018). [2]

Connor, P. (2017), *Can Google Trends Forecast Forced Migration Flows? Perhaps, but Under Certain Conditions*, Pew Research Center, Washington D.C. [3]

OCDE (2018), *Can we anticipate future migration flows? Débats sur les politiques migratoires n° 16*, OCDE, Paris, http://www.oecd.org/migration/mig/migration-policy-debate-16.pdf (accessed on 6 September 2018). [1]

OIM/OCDE/DAES (2018), *What were the key messages of the International Forum on Migration Statistics*, Éditions OCDE. [5]

Šteinbuka, I. (2009), *How to improve social surveys to provide better statistics on migrants*, http://ec.europa.eu/eurostat/documents/1001617/4339944/Improving-survey-data1-Steinbuka.pdf/e90f6527-af4d-4585-8f3d-d7dde093b148 (accessed on 15 February 2018). [4]

UNICEF et al. (2018), *A call to action: Protecting children on the move starts with better data.* [6]

Chapitre 4. Approches politiques pour l'intégration des réfugiés et des autres immigrés vulnérables

Ce chapitre propose une série de recommandations pour obtenir une meilleure intégration des réfugiés et des autres migrants vulnérables. Il fait la synthèse des recommandations dans des domaines allant de l'admission initiale à l'intégration dans la société, en passant par le soutien aux institutions, la coordination entre les différents acteurs et la coopération internationale.

Le présent rapport a pour objectif d'aider les pays de l'OCDE à être mieux préparés pour intégrer les réfugiés et autres immigrés vulnérables, notamment en situation d'afflux massif soudain. À partir des recommandations du Pacte mondial sur les réfugiés et de travaux antérieurs de l'OCDE (OCDE, 2016[1]), en puisant également dans l'expérience récente des pays de l'OCDE résumée dans ces pages, le rapport dresse un inventaire de mesures susceptibles de favoriser l'intégration équitable et réelle des réfugiés et autres immigrés vulnérables.

L'étude s'est intéressée à un certain nombre de catégories cibles différentes, chacune ayant ses besoins distincts. Le récapitulatif qui suit peut être considéré comme une panoplie d'outils à la disposition des pays en fonction de la situation nationale et de la législation en vigueur. Cinq principaux domaines d'action concrète sont identifiés.

Faciliter le passage de l'accueil à l'intégration

Les besoins immédiats des immigrés vulnérables et des personnes en demande de protection internationale sont couverts au moment de l'accueil par la fourniture d'abri et de subsistance temporaires, de services de santé d'urgence. Pour les enfants d'âge scolaire, la continuité de l'éducation est elle aussi essentielle. Cependant, les demandeurs d'asile et les immigrés vulnérables qui ont de grandes chances de pouvoir rester ont besoin d'entamer le processus d'intégration dès que possible. Les mesures suivantes peuvent faciliter cette transition :

- Mettre en œuvre des procédures équitables et rapides pour établir les vulnérabilités des immigrés récemment arrivés et faciliter la prise de décision sur les dossiers de demande d'asile.

- Adapter les services d'accueil et d'aide à l'intégration aux besoins particuliers de chaque immigré en situation de vulnérabilité, en accordant une attention spéciale aux enfants et aux femmes.

- Veiller à ce que des services d'intégration, y compris des cours de langue, soient en place dès que possible pour les personnes ayant de grandes chances de pouvoir rester. Pour cette catégorie, l'accès rapide à la vie économique favorisera l'intégration dans le marché du travail.

- Collaborer avec les populations d'accueil locales, si possible avant l'arrivée, pour répondre à leurs besoins ainsi qu'aux éventuelles craintes suscitées par l'accueil et l'intégration d'immigrés vulnérables.

- Élaborer des dispositifs d'urgence ou d'intervention aux niveaux national et régional pour toutes les parties concernées par l'accueil et l'intégration des réfugiés et autres immigrés vulnérables en cas d'afflux massif. Des mécanismes de coordination pouvant être rapidement déclenchés doivent être en place.

Améliorer l'employabilité et l'accès aux services sociaux à court et à long termes

Un accompagnement qui améliore l'employabilité des réfugiés et autres immigrés vulnérables peut les aider à réaliser leur plein potentiel économique. Cela est de la plus haute importance sur le plan des retombées économiques pour le pays d'accueil, mais aussi sur le plan de l'acceptation et de l'inclusion sociale dans la population locale. Les actions suivantes peuvent faciliter l'intégration sociale et économique :

- Inventorier, reconnaître, développer et appliquer leurs connaissances – en tenant compte des qualifications formelles et informelles – y compris par le biais de systèmes de validation des compétences, de l'accès à l'enseignement général, de la formation professionnelle flexible, et de l'orientation professionnelle.

- Favoriser un accès rapide aux cours de langue, adaptés au profil de compétences des bénéficiaires ainsi qu'au développement de compétences linguistiques spécifiques à leur métier.

- Faciliter l'accès aux agences pour l'emploi et aux programmes de promotion de l'emploi, notamment les subventions salariales et autres mesures incitatives, les programmes publics de travail, les stages et l'accès aux agences de travail intérimaire, selon les besoins.

- Identifier et lever les obstacles à la mobilité géographique, pour veiller à ce que les réfugiés et autres immigrés vulnérables ne soient pas empêchés de se déplacer pour accéder à de meilleures opportunités d'emploi à l'intérieur du pays.

- Soutenir les initiatives en faveur de l'inclusion sociale, y compris par des cours d'intégration axés sur les valeurs de la société d'accueil et sur les droits et obligations des immigrés.

- Faciliter l'intégration scolaire et l'accès aux apprentissages pour les mineurs non accompagnés et autres enfants immigrés vulnérables, par l'aide individuelle et l'accompagnement de la transition, notamment pour les munir des compétences linguistiques et autres compétences indispensables.

- Améliorer la résilience des systèmes de santé et d'éducation aux afflux massifs d'immigrés vulnérables, et tirer un meilleur parti du potentiel des technologies et des méthodes innovantes dans l'apport de services de santé et les formations, notamment dans les zones moins peuplées.

Favoriser l'acceptation économique et sociale

Si l'intégration sur le marché du travail et l'autosuffisance économique permettent l'intégration sociale, elles ne la garantissent pas. Des mesures supplémentaires sont nécessaires pour veiller à ce que les réfugiés et autres immigrés vulnérables s'intègrent dans la société d'accueil. Les domaines d'action peuvent être les suivants :

- Veiller à ce que les associations patronales et syndicales s'investissent dans l'intégration des réfugiés et autres immigrés vulnérables au travail, par le biais de partenaires impliquant le secteur privé et les autorités locales.

- Éliminer les obstacles institutionnels à l'entreprenariat pour les réfugiés et proposer des mesures de soutien aux personnes ayant un potentiel entrepreneurial – tels que le coaching et le mentorat – pour les aider à créer leur propre emploi et à développer les réseaux professionnels et sociaux.

- Épauler les partenaires sociaux et la société civile – y compris les populations locales, les œuvres caritatives et les diasporas – dans leurs efforts d'intégration, pour entretenir un sentiment d'appartenance.

- Favoriser des conditions de travail égales entre les travailleurs ressortissants du pays et les immigrés, en mettant en œuvre des pratiques de recrutement équitables et un salaire minimum, en formalisant le travail informel pour ceux qui ont le droit légal de travailler, et en permettant l'accès aux recours contre les discriminations et l'exploitation.

- Élaborer des stratégies de communication solides pour informer le public sur le processus d'intégration des réfugiés et autres immigrés vulnérables, de manière à sensibiliser aux difficultés qu'ils rencontrent et aux avantages d'une bonne intégration dans le marché du travail.

- Utiliser les sites, les réseaux sociaux et autres moyens de communication pour informer les réfugiés et autres immigrés vulnérables sur les possibilités, les droits et les obligations liés à l'intégration sociale et professionnelle dans les pays d'accueil, ainsi que sur la réintégration dans les pays d'origine.

Épauler les collectivités territoriales

Compte tenu du rôle fondamental des politiques nationales d'intégration et de l'impulsion souvent donnée par les stratégies gouvernementales, les collectivités territoriales jouent souvent un rôle non négligeable dans la mise en œuvre d'éléments importants des politiques nationales. Elles peuvent aussi fournir des services d'intégration essentiels par le biais de leurs propres politiques. I est donc important d'apporter le soutien approprié à leurs actions et d'assurer une coordination efficace des différents niveaux d'administration. Un soutien peut être fourni par le biais de ces actions :

- Instaurer un dialogue sur les politiques d'intégration avec les autorités locales et régionales, ainsi qu'aux divers niveaux d'administration territoriale.

- Encourager les autorités locales à aller à la rencontre des réfugiés et autres immigrés vulnérables, mais aussi à leur garantir un accès égal aux services publics locaux et les opportunités, par exemple en proposant des orientations précoces, en créant des guichets uniques avec des informations civiques et administratives disponibles en plusieurs langues.

- Encourager une coordination efficace entre les acteurs publics et les acteurs non étatiques, à l'échelle appropriée pour l'intégration des réfugiés, et établir des normes de prestation de service.

- De concert avec les autorités locales, élaborer et mettre en œuvre des politiques de dispersion en tenant compte des capacités de logement, de la situation du marché du travail local et des possibilités d'accès aux services d'intégration et aux services sociaux.

- Veiller à ce que le financement soit à la hauteur de l'éventail de compétences et du nombre relatif de dossiers à traiter aux différents niveaux de l'administration et dans les différentes régions.

Intensifier la coopération internationale en matière de gestion des crises et d'intégration

La continuité des services tout au long du parcours migratoire, ainsi que la coordination des différents acteurs aux niveaux national, régional et international, est indispensable pour assurer l'efficacité des systèmes d'intégration. Les mesures suivantes sont nécessaires pour développer la coopération :

- Assurer la coordination entre les pays de premier asile, de transit et d'accueil pour accélérer les procédures et mieux cibler les services sur les différentes catégories de vulnérabilité. Trouver des moyens de transmettre les informations recueillies par les États et leurs agences à différents stades du parcours, par exemple au sujet de l'état de santé et du niveau d'études. Veiller à ce que ces informations soient communiquées dans le contexte du déplacement ou de la réinstallation.

- Assurer la coordination entre les pays d'accueil pour l'élaboration de systèmes d'alerte précoce appropriés, l'échange de bonnes pratiques et le partage des responsabilités, car aucun pays ne peut à lui seul faire face à des afflux massifs et soudains de réfugiés et autres immigrés vulnérables. Tenir compte de cette dimension internationale dans les dispositifs nationaux d'intervention et d'urgence.

- Répondre aux besoins au long et court termes, en assurant la cohérence entre action humanitaire, développement et paix, afin de mieux cerner les problèmes à prendre en main. Élaborer des plans d'intervention multipartite régionaux pour améliorer la cohérence des démarches d'assistance humanitaire et de développement face aux déplacements forcés.

- Trouver les types de financement appropriés pour les situations de crise, de fragilité et de déplacements forcés. Propager au niveau national les progrès accomplis à l'échelle mondiale et régionale.

Références

OCDE (2016), *Les clés de l'intégration : Les réfugiés et autres groupes nécessitant une protection*, Making Integration Work, Éditions OCDE, Paris, https://dx.doi.org/10.1787/9789264258365-fr.   [1]